Wilhelm Adam Karl

Beiträge zum Verständnis der soteriologischen Erfahrungen und Spekulationen des Apostels Paulus

Eine theologische Studie

Wilhelm Adam Karl

Beiträge zum Verständnis der soteriologischen Erfahrungen und Spekulationen des Apostels Paulus
Eine theologische Studie

ISBN/EAN: 9783744606400

Hergestellt in Europa, USA, Kanada, Australien, Japan

Cover: Foto ©ninafisch / pixelio.de

Weitere Bücher finden Sie auf **www.hansebooks.com**

Beiträge zum Verständnis
der
soteriologischen Erfahrungen und Spekulationen
des Apostels Paulus.

Eine theologische Studie

von

Wilhelm Karl
Pfarrer.

Straßburg
J. H. Ed. Heitz (Heitz und Mündel)
1896.

Meinem lieben Freunde

Friedrich Issel,

Pfarrer zu Betberg (Baden)

gewidmet

in herzlicher Dankbarkeit

und zur Erinnerung an das gemeinsame fröhliche Studieren und Wandern unsrer akademischen Jugendzeit.

Sand, Januar 1896.

Inhalt.

	Seite.
I. Teil. Die Einwohnung des Pneuma-Christus	1
II. Teil. Die sittlichen Folgen der Einwohnung des Pneuma-Christus	13
III. Teil. Die religiösen Folgen der Einwohnung des Pneuma-Christus	30
IV. Teil. Die religiöse Anthropologie des Apostels Paulus	54
V. Teil. Die Bedeutung des Todes Christi	69
VI. Teil. Die Mystik des Apostels	92

Vorwort.

Die vorliegende Arbeit sucht die paulinische Soteriologie von einem neuen Angriffspunkt aus zu bewältigen. Ich erwarte mit Spannung das Urteil von Fachmännern über diesen Versuch. Sollte er auch nur in der Hauptsache gelungen sein, so wäre für das Verständnis des Apostels Paulus nicht wenig gewonnen; auch die christliche Glaubenslehre würde einigen Nutzen aus dem Unternehmen ziehen. Für alle Fälle geht mein Wunsch dahin, daß, sei es durch mich oder durch eine berufenere Feder, endlich einmal Paulus einheitlich verstanden werde. Denn dies wird auch unsrer zerfahrenen protestantischen Religionslehre vielleicht dazu helfen, daß sie — es wäre spät genug — den unheilvollen Abgrund zwischen sittlichem und religiösem Leben aus der Welt schafft.

Daß ich außer den vier Hauptbriefen nur noch den an die Philipper als echt ansah, kann ich hier nicht ausführlicher begründen.

Fremde Literatur habe ich wenig zitiert. Da ich nicht am Sitze einer Universität wohne, gestaltet sich die Benützung zahlreicher Bücher umständlich. Ich beherrsche daher die Literatur, obgleich ich Manches gelesen habe, doch nicht im Entferntsten so vollständig, daß ich fähig wäre, eine erschöpfende Uebersicht der bestehenden Meinungen zu geben; und ein wahlloses Herumlesen und Herumzitieren ist vom Uebel.

W. Karl.

I. Teil.

Die Einwohnung des Pneuma-Christus.

1. Kapitel.

Ἐν Χριστῷ und ἐν πνεύματι.

Zum Verständnis der paulinischen Formel ἐν Χριστῷ, deren Wichtigkeit uns bald klar wird, empfiehlt es sich, von der Parallelformel ἐν πνεύματι auszugehen. Diese wird nämlich im neuen Testament hinreichend erklärt durch den Gegensatz von ἐν Βεελζεβούλ (Matth. 12, 27, 28) oder ἐν τῷ ἄρχοντι τῶν δαιμονίων (Mc. 3, 22) oder ἐν πνεύματι ἀκαθάρτῳ (Mc. 1, 23). Es springt in die Augen, daß auf beiden Seiten das ἐν die nämliche Bedeutung haben wird. Nun aber liegt dem ἐν auf der dämonischen Seite die klare Vorstellung zugrunde, daß der Mensch von einem unsauberen Geiste oder von mehreren derselben bewohnt, besessen ist. Daher die Austreibung. Und auch vom Pneuma wird gesagt, daß es im Menschen sei, im Menschen wohne (Röm. 8, 9—11; 1. Kor. 3, 16). Aber wenn der Dämon resp. das Pneuma, sich im Menschen befinden, wie darf dann wieder ausgesagt werden, der Mensch sei ἐν dem betr. Geistwesen? Wie kann das ἐν zum terminus technicus der pneumatischen oder dämonischen Besessenheit werden, als welcher es im neuen Testament ganz feststehend gebraucht wird? (vgl. noch Mc. 12, 36; Lc. 11, 15, 18, 19; Matth. 22, 43; Apoc. 1, 10, 17, 3 u. a.)

Deißmann[1] hat bei Gelegenheit der Formel ἐν Χριστῷ in einer sehr beleh-

---

[1] Die neutestamentliche Formel „in Christo Jesu", Marburg 1892.

renden Untersuchung zunächst in wirklich dankenswerter Weise bewiesen, daß das ἐν hier einem ganz singulären Gebrauch unterworfen ist, der sich in der gesamten übrigen Gräcität nicht findet. Aber ich glaube, D e i ß m a n n hat die richtige Lösung nur angebahnt, nicht erreicht. Er erklärt nämlich das ἐν localiter: „innerhalb des Christus", wobei Christus als ein der Luft vergleichbares Pneumaelement gedacht sei, von welchem man beides sagen kann, wie von der Luft: es sei sowohl im Menschen als der Mensch in ihm. Allein wie will dann D e i ß m a n n die Parallelformel ἐν Βεελζεβούλ erklären? Ist auch der Satan ein luftartiges Element? Gewiß nicht; er ist Persönlichkeit; aber auch der auferstandene Christus muß, wie wir demnächst sehen werden, als Persönlichkeit, nicht als „Element" vorgestellt werden. Wäre D e i ß m a n n sogleich von „ἐν Βεελζεβούλ" ausgegangen, anstatt Länder und Meere nach sämtlichen einschlägigen Bedeutungen der fraglichen Präposition zu durchsuchen, so würde er das Richtige leichter und sicherer gefunden haben.[1]

Aber wie lautet die richtige Lösung? Wie muß das ἐν erklärt werden welches anzeigt, daß sowohl ein Dämon, resp. das Pneuma sich im Menschen befinde als auch der Mensch ἐν ihm?

Ich bedenke zunächst, daß der Besessene vorgestellt wird als ganz in der Gewalt des Geistwesens befindlich, das ihn bewohnt. Er lebt, denkt, handelt, redet „innerhalb der Machtsphäre" eines andern Wesens. So muß das ἐν hier erklärt werden, also ähnlich wie etwa bei ἐν ὀργῇ, ἐν τῇ ἀνοχῇ, ἐν πανουργίᾳ etc., also in Verbindung mit Gemütsbeschaffenheiten, welche den Menschen beherrschen und zu Aeußerungen treiben. Wie der Mensch alsdann innerhalb des Machtbereichs des Zornes, des Mitleids sich befindet, so befindet er sich ἐν πνεύματι. innerhalb des Machtbereichs des Pneuma, woraus auch die Erklärung von ἐν πν. ἀκαθάρτῳ, ἐν Χριστῷ u. s. w. folgt. Denn das innewohnende Geistwesen wird ebenso als Ursache der menschlichen Handlungen gedacht wie die obigen und andern Gemütsbewegungen, die den Menschen bemeistern. Daher setzt Paulus anstatt ἐν πν. geradewegs ἐν δυνάμει πν. ἁγ. (Röm. 15, 13, 19).

Allein nun wird sich vielleicht Mancher gegen die formale Gleichsetzung des Pneuma, resp. des pneumatischen Christus mit den Dämonen unter der gemeinsamen Kategorie „Geistwesen" sträuben. Es könnte versucht werden, das ἐν bei πνεύματι oder Χριστῷ anders zu erklären als vor Βεελζεβούλ. Man könnte die Gegenüberstellung von dämonischer und pneumatischer Ekstase, resp. Besessenheit als

---

[1] Ich wiederhole übrigens, daß ich der Arbeit D e i ß m a n n s sehr vielen Dank schulde und gebe. Der negative Teil derselben, der Nachweis, daß das ἐν hier eine singuläre, sprachlich allein nicht mehr zu erklärende Bedeutung habe, ist für mich wertvoll gewesen.

eine Herabwürdigung des Einwohnens des göttlichen Geistes mit Entrüstung abweisen.

Aber wir haben dazu durchaus kein Recht. Das Einwohnen des Pneuma z. B. hat mit der dämonischen Besessenheit nicht nur die Bezeichnung (ἐν), sondern auch die äußeren Folgen gemein. Vom alten Testament und seiner pneumatischen Ekstase will ich nicht reden. Aber auch im neuen, speziell bei Paulus, finden sich schlagende Parallelen.¹ Wir werden durch das Einwohnen des Pneuma Tempel desselben (1. Kor. 3, 16; 6, 19) wie der dämonisch Besessene ein Haus des Dämons. Das Pneuma κράζει in oder durch uns (Röm. 8, 15; Gal. 4, 6) genau auf dieselbe Weise wie der Dämon. Es muß uns überhaupt auffallen, daß das Rufen des Geistes mit demselben Worte (κράζειν) bezeichnet wird, welches sonst eine Art von terminus für das Dämonengeschrei bedeutet. (Oder dem Ausspruch des Jesaja (Röm. 9, 27) ist durch κράζειν der Character eines göttlich gewirkten (vgl. V. 25!) gesichert.) Ferner: Wir empfangen durch das Pneuma wie durch den Dämon übernatürliche Kräfte, Visionen, Erkenntnisse, kurz Ekstase. Beide Arten der Besessenheit, die dämonische wie pneumatische, sehen sich zudem so ähnlich, daß man sie ohne besondere göttliche Begabung gar nicht unterscheiden kann. Jesus, Johannes der Täufer, die Jünger, auch Paulus, mußten dies erfahren, indem man ihre Ekstase als dämonische erklärte. Man bezweifelte z. B. ernstlich, ob in Paulus dem Ekstatiker wirklich Christus rede (2. Kor. 13, 3). Der Apostel setzt voraus, daß die Glossolalie, eine hervorragende Aeußerung pneumatischer Besessenheit, von dem dämonischen μαίνεσθαι auf den ersten Augenblick nicht zu unterscheiden ist (1. Kor. 14, 23). Die Ekstase, welche die Satansdiener hervorriefen, glich äußerlich der paulinischen, d. h. pneumatischen derart, daß Paulus zu dem Schluß kommt, die Dämonen hätten sich in Diener der Gerechtigkeit verwandelt (2. Cor. 11, 4, 13—15). Paulus dankt es den Galatern sehr, daß sie bei seiner ersten Anwesenheit seine epileptischen Krämpfe nicht als dämonisch gewirkt ansahen und durch Ausspeien die Ansteckung zu verhindern suchten. Nicht als einen Dämon, sondern als einen Engel Gottes, ja als Christum Jesum, nahmen sie ihn auf, d. h. sie nahmen ihn auf als Einen, in dem nicht ein Dämon, sondern ein Engel Gottes, ja Christus wohnt (Gal. 4, 13—14); aber es wäre nicht ferne gelegen, den epileptischen Anfall als dämonisch gewirkt anzusehen. Ueberhaupt galt im Urchristentum die Unterscheidung der Geister, ob sie nämlich aus Gott sind oder vom Satan, für so schwierig, daß sie eine besondere göttliche Begabung voraussetzte. (1. Joh. 4, 13; cf. 1. Kor. 12, 1—3; 10; 14, 29; cf. Matth. 7, 15—23.)

---

[1] Vgl. Gunkel, Die Wirkungen des h. Geistes, 1888, S. 38—40.

Ein anderer Einwurf: Kann man sich denken, daß auch im neuen Testament der Gottesgeist, das Pneuma, so naiv sinnlich vorgestellt wird, so persönlich, daß es seiner äußeren Existenzweise als Geistwesen nach in Parallele gestellt werden darf mit den Dämonen? Gewiß. Diese naiv sinnliche Vorstellung ist dem neuen Testament und seiner ganzen Zeit (vom alten will ich wieder nicht reden) vollkommen eigen. In dem Vorstellungskreis des paläſtinenſiſchen Judentums ſteht der h. Geist zwar obenan, aber doch in einer Reihe mit den Engeln. Er trägt, als Licht vom Lichte Gottes, einen Lichtleib wie die Engel.¹ Wie das naive populäre Bewußtſein aller Zeiten bis auf den heutigen Tag, so konnte ſich auch das der Juden geiſtiges Sein, ſei es auch irgend welcher Art, nicht anders denken denn als Persönlichkeit. Nun wäre es ja trotzdem möglich, die bei Weber dargeſtellten rabbiniſchen Lehren in eine ſpätere Zeit als die neuteſtamentliche zu datieren. Allein das würde wieder nichts helfen, denn wir treffen auch bei Paulus auf die Anſchauung des Geiſtes als perſönlichen Geiſtweſens. Oder wie will man es anders verſtehen, daß der letzte Adam, d. h. der himmliſche Menſch, das Gegenſtück zum irdiſchen Menſchen, geſchaffen wurde zum Leben machenden Pneuma (1. Kor. 15, 45)? Unter dem πν. ζωοποιοῦν muß natürlich der Gottesgeiſt verſtanden werden, der in uns das Leben nach dem Tode wirkt (Röm. 8, 9 f.) Nun aber iſt der himmliſche Menſch ſicherlich eine Perſönlichkeit. Wenn er alſo als irgend etwas ins Leben trat, so muß dieſes ins Leben tretende doch auch wieder eine Perſönlichkeit ſein! Die Stelle will eben beſagen: Im Gegenſatz zum irdiſchen Adam, welcher zum irdiſchen Perſonweſen, zur Seele, oder als Seele von Gott geſchaffen wurde, wurde der himmliſche Adam zum überirdiſchen Perſonweſen, zum Pneuma, und zwar zum heiligen, lebengebenden Pneuma — es gibt auch noch andere Pneumata niederer Ordnung — geſchaffen. Oder: der himmliſche Menſch wurde von Gott ins Daſein gerufen als Pneuma Gottes.

Wem das noch nicht genügt, um den h. Geiſt als Perſönlichkeit in der Vorſtellung des Paulus zu finden, der möge noch das Weitere beherzigen, daß das Pneuma Gottes, ſo wie es geſchaffen wurde, einen Leib trägt, allerdings keinen irdiſchen, ſondern einen himmliſchen. Der irdiſche Leib des Menſchen iſt ſeeliſch, d. h. er entſpricht der Seele, iſt irdiſch, aus einem Erdenkloß. Der Leib aber des himmliſchen Menſchen, d. h. des Pneuma, iſt himmliſch, iſt pneumatiſch. Er entſpricht dem Pneuma. Wir können ſogar ungefähr erſehen, aus welchem Stoff er besteht. Paulus demonſtriert (1. Kor. 15, 35—49) den Unterschied zwiſchen irdiſchem und himmliſchem Leibesſtoff an allgemein bekannten und anerkannten Bei-

---

¹ Weber, Syſtem der altſynagogalen paläſtinenſ. Thlgie, 1880, S. 184 u. a.

spielen. Auf der einen Seite steht der Leibesstoff der Menschen, des Viehes, der Vögel, der Fische; auf der andern (ἕτερος) mit ganz anderem Glanz der Stoff der himmlischen Wesen, nämlich der Sonne, des Mondes, der Sterne. Nun müssen wir wissen, daß die ganze damalige Zeit die Gestirne als belebte Wesen, als überirdische Geistwesen kannte.¹ Ihre Leiber bestehen aus himmlischem Lichtglanz. So weiß es auch Paulus. Und diesen Leib teilt er dem Pneuma zu als einem himmlischen, überirdischen Geistwesen; denselben Leib, den auch wir dereinst, als Besitzer des Pneuma tragen werden. Uns Modernen mag das im Augenblick vielleicht nicht recht bequem sein, allein wir dürfen nicht unsere philosophischen Begriffe vom Wesen des Geistseins auf die naiv sinnliche Vorstellungsweise jener Zeit der Rabbinen übertragen. Hätte Paulus anders geredet vom Geist als vorstellungsmäßig, so hätte ihn Niemand verstanden. Zudem hätte er selbst, der in den Rabbinenschulen und naiv sinnlichen Synagogenfabeln Aufgewachsene, es wahrscheinlich abgewiesen, in anderen Kategorien als seine Zeit gewohnt war, zu denken. Denn Paulus ist ein religiöses Genie, nicht ein philosophisches. Für die Vorstellung vom Wesen des Geistseins war daher ihm wie seiner Zeit die sinnliche Anschauungskategorie gegeben in dem Dämonenglauben. Nach Analogie der Engel und Dämonen stellte sich auch Paulus den h. Geist vor.

Es ist also durchaus kein Grund zu ersehen, ἐν πνεύματι nicht parallel mit ἐν Βεελζεβούλ zu erklären, und zwar so: besessen von dem betr. Geistwesen, so daß der Mensch innerhalb des Wirkungskreises desselben sich befindet.

Nun aber wohnt in uns neben dem Pneuma Gottes noch ein anderes Geistwesen, nämlich der auferstandene Christus. (Röm. 8, 10; 2. Kor. 13, 5). Man könnte versucht sein, dieses Einwohnen Christi als bildliche Redensart zu fassen. Allein daran hindert uns Verschiedenes. Schon die Formel ἐν Χριστῷ, ἐν κυρίῳ, ꝛc. deutet mit Fingern darauf, daß hier wirklich an ein Besessensein durch ein konkretes Geistwesen zu denken ist. Die Vermutung wird durch Weiteres bestätigt. Paulus bezeichnet den Zustand des ekstatischen Visionärs, der sonst durch ἐν πνεύματι angedeutet ist, mit ἐν Χριστῷ (scl. γενέσθαι; 2. Kor. 12, 2). Wie der Dämon, so redet auch Christus in uns (2. Kor. 13, 3), d. h. wir reden ἐν Χριστῷ (2. Kor. 2, 17; 12, 19; Röm. 9, 1). Auch der einwohnende Christus giebt uns übernatürliche Erkenntnisse (Röm. 14, 14; 15, 18) und übernatürliche Kräfte (1. Kor. 5, 4; cf. 2. Kor. 13, 3—5; Phil. 4, 13, kurz Ekstase. Also muß auch Christus als ein Geistwesen uns wirklich einwohnen, wie das Pneuma und die Dämonen im Menschen wohnen.

Aber, so fragen wir wieder, stellt sich Paulus den Auferstandenen wirklich als

---

¹ Everling, Die paulinische Angelologie und Dämonologie, 1888, S. 45—48.

ein derartiges Geistwesen vor? Allerdings. Wenn Christus dereinst die Dämonenreiche, die ἀρχαί, ἐξουσίαι und δυνάμεις bei seiner Parusie vernichten wird (1. Kor. 15, 24—26), so muß er ein ihnen analoges Geistwesen sein. Wenn unser zukünftiger Auferstehungsleib¹ dem des Auferstandenen entspricht, wenn also Christus in himmlisch-menschlicher Lichtgestalt existiert, so muß er selbstverständlich auch, wie wir selbst, eine Persönlichkeit sein.

Es liegt also abermals dem nichts entgegen, daß auch Christus uns einwohne analog den Dämonen, daß also die Formeln ἐν Χριστῷ, ἐν κυρίῳ, ἐν Χριστῷ Ἰησοῦ, ἐν κυρίῳ Ἰησοῦ, (die ich für völlig gleichbedeutend halte) genau so zu erklären sind wie ἐν πνεύματι ἀκαθάρτῳ rsp. ἐν πνεύματι ἁγίῳ.

2. Kapitel.

Der Pneuma-Christus.

In dem Christen wohnen also zwei Geistwesen: das Pneuma Gottes und der auferstandene Christus. Merkwürdig, daß Beide dieselben Wirkungen üben, sowohl äußerliche, nämlich Ekstase, wie innerliche, religiöse. Die äußeren haben wir schon zusammengestellt. Nun noch ein vorläufiges Wort über die religiösen. Das Einwohnen des Pneuma garantiert den Anteil am zukünftigen Gottesreich. (Röm. 8, 9—11); an der gleichen Stelle (V. 10) thut das auch die Einwohnung Christi. Wenn wir überhaupt uns vergegenwärtigen, was Alles ἐν Χριστῷ und dann wieder ἐν πνεύματι geschieht, so werden wir zwischen Beiden keinen Unterschied finden. Man vergleiche nur die treffliche Zusammenstellung bei Deißmann.² In Röm. 8, 9—11 wechseln die Namen als sei Beides, Christus und das Pneuma, völlig identisch. Und in der That sind sie es auch. Paulus sagt das mit klaren Worten: Der Herr ist das Pneuma (2. Kor. 3, 17). Selbst wenn wir diese Kernstelle nicht hätten, so müßten wir die Identifikation vollziehn, denn es geht nicht an, den Menschen besessen zu denken von gerade diesen beiden überirdischen Geistwesen, ohne daß deren Wirkungspreise irgendwie gegenseitig abgegrenzt würden.

Man muß sich höchlichst darüber wundern, daß diese Verhältnisse nicht mutiger konstatiert und stärker ausgenutzt wurden. Man begegnet zwar immer

---

¹ Das εἰκών in 1. Kor. 15, 49 muß nach dem Vorhergehenden, bes. V. 44 als σῶμα πνευματικόν gedeutet werden. Ich lese in V. 49 φορέσομεν.

² Die neutestamentliche Formel ꝛc., S. 85—87.

wieder einer mehr oder weniger zaghaften Anerkennung der obigen Identität, aber die Folgen derselben werden nicht gezogen. Den Grund hiervon sehe ich darin, daß die Erklärer die paulinische Gleichsetzung zwar als vorhanden zugeben müssen, aber nicht nachzeichnen können. Sie bleibt ihnen ein Rätsel, aber nur deshalb, weil sie das paulinische „Pneuma" mit den philosophischen Augen eines modernen Theologen ansehen. Sobald ich aber das Pneuma mir so vorstelle wie Paulus und seine Zeit thaten, nämlich als ein Geistwesen mit pneumatischer Lichtgestalt, so bin ich imstande, auch meinerseits die Identifikation mit dem pneumatischen Christus ohne Rest zu vollziehen.

Wir sagten: der Auferstandene Christus ist identisch mit dem göttlichen Pneuma. Darf man wohl weiter auch darnach fragen, ob diese Identität erst zeitlich geworden oder schon von Anfang an geschaffen sei? Diese Frage gehört nicht direkt zu unserm Thema, aber indirekt wird sie doch ungemein viel dazu beitragen, darzuthun, daß Christus und das Pneuma eine und dieselbe Person sei.

Es läßt sich nämlich beweisen, daß die drei Personen: Pneuma, Christus und himmlischer Mensch schon von Uranfang, von ihrer Existenz an identisch waren. Wenn der himmlische Adam geschaffen wurde als Geist Gottes, so hat er nie anders existiert denn als solcher. Beide sind also identisch. Aber wie steht es mit dem Messias? Auch er präexistierte, wie im Judentum alles religiös wertvolle. Der Messias ist der Fels gewesen, welcher den Kindern Israels in der Wüste nachzog (1. Kor. 10, 3—4); er hat sogar bereits bei der Weltschöpfung mitgewirkt (1. Kor. 8, 6). Aber war er auch von jeher mit dem Pneuma eins, oder hat die Vereinigung erst später, bei der Geburt oder Taufe stattgefunden?

Aus Phil. 2, 6 f. schöpfte ich das Erstere. Wir werden zwar den vollen Sinn des Ausdruckes „er hielt es nicht, ic." nie ergründen, weil uns die rabbinischen Erzählungen nicht bekannt sind, auf welche hier Paulus anspielt. Aber Thatsache ist, daß hier der vorirdische Messias mit dem präexistierenden himmlischen Adam identisch gedacht wird; denn er tritt als himmlischer Mensch in Gegensatz zum irdischen. Sein vorirdisches messianisches Thun wird beschrieben als das Thun des himmlischen Adam. 1. Kor. 10, 1 f. leitet den pneumatischen Charakter des Felsens daher (ἀπ 44), daß der Fels der (präexistente) Christus gewesen sei. Ich glaube daher an die ewige Identität auch des Messias mit dem himmlischen Menschen und dem Pneuma bei Paulus. Anders könnte ich mir diese Identität nicht vorstellen. Wie sollte sie dadurch entstehen, daß nachträglich drei selbständige Geistwesen in eines zusammengeworfen würden? das wäre eine Vermischung, ein ganz unvollziehbarer Gedanke. Der Apostel wird die Sache so angeschaut haben: Die geistige Persönlichkeit, welche später das Ich

Jesu bildete, war eine überirdische, pneumatische (Pneuma), aber doch nur überirdisch menschliche, nach menschlicher Analogie existierende (himmlischer Mensch); sie ist aber bestimmt gewesen zum Messias. Das sind die Momente des Wesens dieser Persönlichkeit: ihre Existenzqualität (überirdisches Pneuma), ihre Existenzform (himmlischer Mensch), ihre Bestimmung (Messias).

Wir können sogar noch weiter fragen: Wie verhält sich diese präexistente geistige Persönlichkeit, dieses himmlische Geisteswesen zu dem historischen Jesus? Das palästinensische Judentum dachte sich die Entstehung eines menschlichen Individuums so, daß die präexistente Seele in den von Gott ihr bestimmten Menschenkeim einging.[1] Auch die Seele Jesu, d. h. sein präexistierender Teil, war vorhanden in Gottesgestalt, sagt Paulus (Phil. 2, 6). Was heißt „Gottesgestalt"? Die Rabbinen schrieben Gott gleichfalls himmlischen Lichtleib zu, wie den Engeln,[2] wie Paulus dem Pneuma. Ist also hierin die μορφή θεοῦ auch bei unserm Apostel zu suchen? Wahrscheinlich. Dieses himmlische Geistwesen nun nahm Knechtsgestalt an, d. h. Menschengestalt. Weshalb wird diese so verächtlich gemacht als μ. δούλου? Um des Gegensatzes willen zwischen der himmlischen und irdischen Materie, der Materie des Leidens, der Sterblichkeit. Aehnlich, aber noch viel grasser, haben — offenbar erst später — die Judenschulen den Gegensatz zwischen Seele und Leib weiter ausgesponnen. Thatsache ist also, daß Paulus, der den Menschen aus Leib und Seele, innerem und äußerem Menschen bestehen läßt,[3] auch im Menschen Jesus zwei getrennte Dinge unterscheidet: Die präexistente Messiaspersönlichkeit und den irdischen Leib. Darf man nun aber diese seine innere Persönlichkeit geradezu mit dem Ich Jesu so identificieren, daß dieses himmlische Pneuma bei ihm die Stelle der Seele vertritt? So fasse ich den Eingang des Römerbriefes auf. Hier finden wir scharf einander gegenübergestellt — wie in einem Conciliumsbeschluß —: die σάρξ und das πν. ἁγιωσύνης. Nach dem Fleisch ist Jesus (der Christ) geworden, offenbar wie ein andrer Mensch, nur aus Davidssamen. Nach dem πν. ἁγ. aber ist er nicht zeitlich geworden, sondern ewig [4]

---

[1] Weber, S. 205, 218—220 u. ff.
[2] Weber, S. 160.
[3] Vgl. Kap. 11.
[4] ὁρίζω (umgrenzen, absondern vom Uebrigen) enthält, wenn es von Gott gebraucht ist, schon das πρό, nach seinem eigenen Begriff das ἀπό —. Hinter dem ἐν δυνάμει ergänze ich εἶναι oder γενέσθαι, wie ja bei Paulus so manchmal geschehen muß. Der Infinitiv εἶναι ob. dgl. ist nach Gal. 1, 15, 16 gestattet, wie überhaupt nach finalen Verben. — Πν. ἁγ. nicht Heiligkeitsgeist, sondern Herrlichkeitsgeist (Ψ 96, 6; 144, 5). Die Herrlichkeit Gottes wird bei den Palästinensern überwiegend durch das Prädikat der Heiligkeit ausgedrückt. Einen ethischen Beigeschmack hat das ἁγ. hier nicht, weil man sonst auch der σάρξ hier einen solchen geben müßte, was aber nicht angeht.

ausgesondert (von Gott), Sohn Gottes in Kraft, d. h. erhöhter und in Wirksamkeit tretender Messias zu werden, allerdings erst aus (seit) Totenauferstehung. Ich glaube, daß hierin der Gegensatz zwischen dem Ich Jesu und seinem äußeren Leib ausgedrückt werden soll. Nämlich, will Paulus sagen, das Ich Jesu war nicht Seele, sondern überirdisch, Pneuma, und zwar sogar Herrlichkeitsgeist, kraft dessen er bestimmt war, von den Toten aufzuerstehen, Messias in Kraft zu werden.

Hat bei der „Menschwerdung" der präexistente Messias den himmlischen Lichtleib abgelegt? Oder nur hinter dem irdischen verborgen? Ich nehme das Letztere an, denn nirgends steht geschrieben, daß er ihm bei der Auferstehung wieder gegeben wurde. Wo Paulus von dieser Thatsache redet, geschieht es vielmehr so, als ob nach Abwerfung des getöteten Fleischesleibes wieder der überirdische zum Vorschein käme. Doch das ist eine Frage, die nicht mehr zu unsrer Aufgabe gehört.

Dagegen muß noch ein Wort gesagt werden über den metaphysischen Zustand des Auferweckten, ἐν ᾧ wir sind. Der Auferstandene e r s c h e i n t den Menschen, ὤφθη (1. Kor. 15, 5—8), ein Ausdruck, der von Engeln und sonstigen überirdischen Erscheinungen gebraucht wird. Der Erhöhte ist εἰκὼν τοῦ θεοῦ (2. Kor. 4, 4), wie er als Präexistierender ἐν μορφῇ θεοῦ vorhanden war (Phil. 2, 6). Ich glaube, daß Beides dasselbe bezeichnet, nämlich die überirdische, pneumatische S e i n s w e i s e. Freilich, der W i r k s a m k e i t nach ist der Auferstandene ein Anderer als der Präexistierende. Wohl war auch dieser ausgesondert zum Messias. Aber Messias, oder, was dasselbe heißt, Sohn Gottes, i n K r a f t wurde er erst seit seiner Totenerweckung. Infolge dieser seiner überirdischen pneumatischen Wirksamkeit nennt ihn Paulus auch κύριος. Dies ist nicht gleichbedeutend mit „Gott"; denn Paulus nennt Gott nicht κύριος (Röm. 9, 29 ist Citat). Wahrscheinlich will Paulus mit κύριος die ganz einzigartige Herrscherstellung Christi, seine Gewalt über die überirdischen Geisterscharen, seinen höchsten Rang unter denselben beschreiben (Phil. 2, 9—10). Nur irrtümlicherweise, sagt der Apostel, werde dieses Prädikat auch anderen Pneumata zugeschrieben (1. Kor. 8, 5).[1]

Aus alledem glaube ich annehmen zu dürfen, daß Paulus in Wirklichkeit als schon von Anfang an bestehend eine Messiaspersönlichkeit kennt, welche zugleich auch das Pneuma und himmlischer Mensch war. Das schließt natürlich nicht

---

[1] 1. Kor. 8, 5 besagt: „wenn auch wirklich sind s o g e n a n n t e Götter ꝛc, wie auch (sogenannte) Götter viele s i n d und viele Herren." Also sie existieren, nämlich als Dämonen, werden aber nur irriger Weise Götter und Herren g e n a n n t. Wie man bei Erklärung dieser einfachen Stelle doch den Wald vor lauter Bäumen nicht sehen will! Richtig verstanden bildet der Ausspruch 1. Kor. 8, 5 nicht den Schatten eines Gegensatzes zu 1. Kor. 10, 19 f.

aus, daß der Apostel diese Persönlichkeit häufig nur nach einer einzelnen Seite ihres Wesens benennt. Wir werden Aehnliches auch sonst noch bei ihm finden. Aber ich glaube das Recht zu haben, überall, wo er auch nur eine Seite des Wesens Christi anführt, stets an die ganze Person zu denken. Ἐν Χριστῷ wie ἐν πνεύματι heißt Jn der Kraftsphäre des innewohnenden Pneuma = Christus.

Welche Aeußerungen aus diesem Kraftbesitze fließen, werden wir in den nächsten Kapiteln ersehen. Hier noch Folgendes zur Abwehr: Wir müssen uns zunächst mit verschiedenen Stellen auseinandersetzen, welche obige Jdentität scheinbar nicht zulassen wollen. Eine der wichtigsten ist 2. Kor. 13, 13.: Die χάρις des Herrn Jesus Christus und die Liebe Gottes und der Anteil am heiligen Geiste sei mit euch allen. Χάρις, das hier der ἀγάπη θεοῦ als einer Eigenschaft Gottes entspricht, muß wohl wie in 2. Kor. 8, 9 als ethische Eigenschaft Christi, als Liebe verstanden werden. Denn derartige Tugenden wünscht der Apostel gerne den Gemeinden im Schlußgruß (Röm. 15, 33; 1. Kor. 16, 23—24). Wir werden aber nun bald einsehen, daß diese Tugenden wie alle andern nur ἐν Χριστῷ, rsp. πνεύματι gegeben werden, d. h. durch Einwohnen des Pneumachristus, dadurch, daß wir an ihm teilhaben. Also Paulus wünscht an obiger Stelle den Korinthern drei Stücke: Erstens die Liebe, die Christus zu uns hat (cf. 2. Kor. 16, 23—24; 2. Kor. 5, 14); zweitens die Liebe, die Gott zu uns hat (Röm. 5, 5). Dieser Liebe aber werden wir nur durch Einwohnung Christi teilhaftig. Wenn also Paulus drittens noch die Anteilnahme am h. Geiste wünscht, so liegt hierin nicht ein Gegensatz zu Nr. 1 und 2, sondern eine Erweiterung. Paulus wünscht seiner Gemeinde die Gaben des Geistes allesamt. Aehnlich drückt er sich aus im Schlußgruß des Philipperbriefes. Nachdem Paulus dort εἰρήνη und ἀγάπη μετὰ πίστεως gewünscht hat, faßt er Alles zusammen in dem Segensspruch: ἡ χάρις (soviel wie πνεῦμα, wie wir noch sehen werden) μετὰ πάντων ꝛc. Jn 2. Kor. 13, 13 hätte Paulus statt Nr. 3 auch sagen können: ἡ κοινωνία τοῦ Χριστοῦ; aber dann wäre der Gesamtsatz stilistisch unschön geworden. Es liegt also kein Grund vor, diese Stelle als Jnstanz gegen unsere Jdentifikation geltend zu machen.

Auch die Ausdrücke πνεῦμα κυρίου (2. Kor. 3, 17) oder Χριστοῦ (Röm. 8, 9) oder Ἰησοῦ Χριστοῦ (Phil. 1, 19) beweisen nichts dagegen. Paulus darf das Pneuma insofern Pneuma Christi nennen, als es einst das Innenleben, gewissermaßen die Seele Jesu Christi bildete.[1]

Man könnte ferner fragen: Ist dieser Pneuma-Christus als Jch Jesu, ist der historische Jesus Christus mit einem menschlichen Leib und einer übermensch-

---

[1] Ueber Nachbildungen der Formel ἐν Χριστῷ Ἰησοῦ, nämlich ἐν τῷ Ἀδάμ, ἐν νόμῳ u. dgl., siehe Deißmann S. 124—128.

lichen Seele nicht eine doketistische Figur? Die Frage wurde auch schon aufgeworfen. Aber Paulus selbst würde sie sicherlich mit Nein beantwortet haben; der auf Erden wandelnde Herr ist sowenig eine doketistische Figur als der Apostel Paulus selbst, welcher gleichfalls fest davon überzeugt ist, daß in ihm trotz seiner fleischlichen Leiblichkeit der Pneuma-Christus wohne. Freilich muß man sich abgewöhnen, unter diesem die zweite Person der Gottheit zu verstehen; der Pneuma-Christus ist vielmehr nichts anderes als das höchste überirdische Geistwesen, aber analog den Engeln vorgestellt. Sein Eintreten in den Menschenkeim Jesu bereitete dem jüdischen Denken keine größeren Schwierigkeiten als das Eingehen jeder Menschenseele in ihren Leib.

Eine andere Frage: Kennt nicht Paulus bereits die Vorstellung der übernatürlichen Zeugung Jesu? Der Gedanke, daß Gott durch außerordentliche Kraftwirkung die Entstehung eines Menschenlebens verursachen könnte, ist dem Apostel nicht fremd. Auch die Geburt Jsaaks kommt ihm (Röm. 4, 17—22) vor als eine Machtthat Gottes, gleichbedeutend mit Totenerweckung und Berufung des Nichtseienden als Seiendes. Allein hier ist nicht von Aufhebung des männlichen Faktors der Zeugung die Rede, ein Gedanke, der auch der rabbinischen Messiaslehre fehlt, ja der hebräischen Anschauung überhaupt schwer entspricht. Denn eine Aufhebung des männlichen Faktors bei der Zeugung Christi hebt nun einmal die männliche, allein giltige Deszendenz in der Nachkommenschaft Davids auf. Ich glaube zudem, Paulus hätte die Zeugung des Leibes Jesu durch das Pneuma schon deshalb abweisen müssen, weil bei ihm Pneuma und Ich Jesu eine Person sind. Bei dieser Voraussetzung aber hätte sich ja das Pneuma zuerst den Leib geschaffen, dann wäre es in den selbstgeschaffenen Menschenkeim eingetreten, eine unmögliche Vorstellung. Natürlich die Synoptiker kennen diese Schwierigkeit nicht, weil sie das Pneuma vom Ich Jesu trennen. Paulus aber sagt deutlich, daß Gott den Messias in ein Abbild von Sündenfleisch, d. h. in eine Nachbildung, ein Exemplar menschlich-sündiger σάρξ sandte. Christus hat eine σάρξ gehabt genau wie wir. Natürlich sündigte er trotzdem nicht, weil das Pneuma die ἁμαρτία wirkungslos machte, was es ja auch bei uns thut. Von einem überirdisch gewirkten und beschaffenen Leib des irdischen Christus weiß Paulus nichts. Jesus hatte Davids-, also Menschenfleisch ohne Einschränkung. Er stammt nach dem ganzen Fleisch von den Juden (Röm. 9, 5). (Vgl. Boehmer, D. Ap. P. Br. a. d. Römer, 1886, Schlußanmerkung.) Freilich war dadurch seine pneumatische Herrlichkeit verdeckt bis zur Auferstehung.

Was wollen wir nun sagen zu der gefundenen Identification von Pneuma, Messias und himmlischer Mensch? Wie kommt Paulus zu dieser ihm allein eigenen Kombination?

Wir können die inneren Motive dieser Spekulation erraten, wenn wir ihre Resultate betrachten. Das Ich Jesu war Pneuma von Anbeginn an. Es wurde nicht erst später vom h. Geiste erfüllt, sondern war identisch mit ihm von Anfang an. Es war identisch mit dem göttlichen Offenbarungsgeiste. Seine ganze Beschaffenheit ist göttliche Offenbarung.

Wir werden später finden, daß dieses Pneuma auch in unser Ich übergeht, unser Ich erfüllt, und in einer neuen, und zwar ethischen Beschaffenheit konstituiert. Wir werden durch den h. Geist, das Ich Christi, dauernd und vollkommen ethisch erneuert. Die Wirkung des Pneuma in uns besteht nicht mehr bloß in einzelnen ekstatischen Aeußerungen, sondern in ethischer Neuschöpfung. Hier sehen wir also: Zweck der Pneumasendung ist bei uns die Konstituierung einer ethisch erneuerten Kreatur. Diese ist göttliche Offenbarung. Also die Beschaffenheit des Ich's Christi, darnach die des unsrigen, ist göttliche Offenbarung. Nicht bloß Zeichen und Wunder und übernatürliche Kräfte, sondern ein Ich wie das Christi und wie eines durch ihn erneuerten Menschen, das ist göttliche Offenbarung. Das will Paulus sagen mit seiner Identifikation von Ich Jesu und Pneuma. Und wir sehen, daß hierin ein Werturteil über die selbsterlebte Erneuerung liegt.

Das zweite, daß Paulus das Ich Jesu gleichsetzt dem idealen, dem erstgeschaffenen Menschen, dem himmlischen Adam, will besagen, daß trotz aller Idealität das Ich Jesu doch Mensch sei. Das Pneuma trägt Menschengestalt. Höchster Zweck der Offenbarung Gottes ist also ideales Menschtum. Das hat Paulus an sich mit unendlicher Seligkeit erfahren, das überträgt er spekulierend auf Christus, indem er sagt, das Pneuma sei Mensch; allerdings Idealmensch, aber doch Mensch. Höher kann man unsre Natur nicht werten: Unsere Vollendung ist auch Vollendung der göttlichen Offenbarung!

Endlich, was die Identifikation von Pneuma und Messias angeht, so ist damit erstens ausgedrückt, daß in der ethischen Vollendung der Menschheit durch den Pneumabesitz auch die Heilspläne Gottes verwirklicht sind. Denn der Messias ist der Vollbringer dieser Heilspläne. Ferner ist darin gesagt, der h. Geist sei selbst der Messias, also selbst der Vollender des göttlichen Endplans. Wir werden das bestätigt finden. Das Ich Christi, das Pneuma, der Pneumachristus schafft Gottes Werk selbst, indem er selbst einwohnt in den Menschen und sie erneuert. Davon wird Alles Folgende handeln. Aber auch diese Kombination ruht auf Erfahrung.

Demnach ist die paulinische Christologie, soweit wir sie bisher kennen lernten, nicht willkürliche Spekulation, sondern Erfahrung; sie besteht aus Erfahrungsurteilen, die ja allerdings ausgeprägt werden in den Formen der damaligen Spekulation. Diese Formen sind für uns nicht verbindlich; wir teilen sie nicht mehr. Aber die Erfahrung, die ihnen zugrunde liegt, wird auch unsre Erfahrung sein. Es liegt dann an uns, das, was wir erfahren haben, in unserem Spekulationsmaterial an dem Wesen Christi zu beschreiben. Das ist Sache der Christologie.

II. Teil.

Die sittlichen Folgen der Einwohnung des Pneuma-Christus.

3. Kapitel.

Die ethische Erneuerung.

Als eine äußere Folge der Pneumaeinwohnung haben wir bereits die Ekstase genannt. Mehr von derselben zu sagen, liegt außerhalb unsrer Aufgabe. Denn wir werden im nächsten Kapitel sehen, daß der Ekstase kein Heilswert zukommt. Insofern sie sich freilich wieder mit unsrem eigentlichen Gegenstand berührt, werden wir auch wieder auf sie zu sprechen kommen. Im Uebrigen bin ich hinsichtlich derselben in der Lage, auf die trefflichen Bemerkungen Gunkels (S. 63 f.) verweisen zu können.

Neben den äußeren ekstatischen Folgen kennt aber Paulus auch innerliche. Wir wollen sie einstweilen ethische Folgen nennen, denn sie bedeuten doch zunächst eine Umwandlung unserer sittlichen Beschaffenheit, insofern, wie wir sehen werden, wir durch die Einwohnung Christi in den Stand gesetzt sind, die sittlichen Gebote Gottes zu erfüllen. Selbstverständlich bleibt Paulus nicht bei dem sittlichen Charakter der Erneuerung stehn, sondern betrachtet diese Erneuerung religiös, d. h. in ihrer Beziehung auf Gott. Aber wenn wir die Sache an sich behandeln, dürfen wir wohl von sittlicher Erneuerung reden, ohne der rationalistischen Moralisterei beschuldigt zu werden.

Es ist eigentlich selbstverständlich: **Wenn der Pneuma-Christus in mir wohnt, so wohnen auch seine ethischen Eigenschaften in mir.** Mehrere von ihnen nennt Paulus ausdrücklich: Seine selbstlose Liebe (2. Kor. 5,14), wodurch (d. h. ἐν Χριστῷ) auch die Gemeindeglieder Geliebte des Apostels werden (Röm. 16,8); ferner die Sehnsucht nach den Seinen wie sie Christus hatte (Phil. 1,8); die Wahrhaftigkeit Christi (2. Kor. 11, 10, cf. Röm. 9. 1.). Auch in übersichtlicher Darstellung führt er diese ethischen Eigenschaften an als Frucht des Pneuma (Christus): Liebe, Freude, Friede, Geduld, Milde, Güte, Glauben, Sanftmut, Keuschheit (Gal. 5, 22). Gewöhnlich aber zählt er nicht die Eigenschaften des innewohnenden Pneumachristus als die seinigen auf, sondern umgekehrt, was er als Christ und Apostel thut und erlebt, das schreibt er dem einwohnenden

Christus zu. Er thut und erlebt es ἐν Χριστῷ, ἐν πνεύματι. Und da giebt es nun gar keine Regung christlichen und apostolischen Lebens, welche nicht vom Pneumachristus gewirkt wäre. Die Berufung des Paulus zum Apostel, seine kraftvolle Thätigkeit als solcher (Phil. 4, 13; 1. Kor. 4, 15 u. A.), sein Denken und Wissen (Röm 14, 14), seine Wege und Erfolge (1. Kor. 4, 17; 2. Kor. 2, 12, 14), sein Gottvertrauen, seine Selbstzuversicht, sein Ruhm, (Gal. 6, 10; Röm. 14. 14; Phil. 2, 24; 3, 3; 1. Kor. 15, 31; Röm. 15,17), seine schmerzhaften körperlichen Zustände (2. Kor. 13, 4), aber auch seine Freude (Phil. 4, 10), kurz Alles, Alles verdankt er dem Pneumachristus, der in ihm wohnt, ihn treibt, der, den Begriff voll gefaßt, in ihm lebt! „Es lebt in mir Christus" (Gal. 2, 20); „mir ist das Leben Christus" (Phil. 1,'21.) — (Man lese hierüber Deißmann nach, S. 85, bei. aber 118 f.)

Diese Einwohnung des Pneuma-Christus bedeutet aber für uns soviel als eine vollkommen ethische Neuschöpfung. „Ist Jemand ἐν Χριστῷ, so ist er eine neue Kreatur; das Alte ist vergangen, siehe, es ist Alles neu geworden" (2. Kor. 5, 17). Es kann ja auch nicht anders sein, als daß die Erneuerung eine vollständige ist. Denn Christus, als eine geschlossene Persönlichkeit, kann nicht etwa bloß teilweise in uns wohnen. Eine Persönlichkeit, als Einheit, leidet keine Teilung. Entweder haben wir ihn ganz oder gar nicht. Haben wir ihn aber vollständig, so wohnt in uns auch sein eigenes sittliches Personenleben. Er teilt uns eine Art sittlicher Unfehlbarkeit mit. Ein Christ kann nicht mehr sündigen.

Es ist nicht zu leugnen, daß der Apostel mit dieser Behauptung völlig Ernst macht. Wenn z. B. die Korinther seine Wahrhaftigkeit in Zweifel ziehen, so trägt Paulus kein Bedenken, folgendermaßen zu argumentieren (2. Kor. 1, 18—22): Gott ist wahrhaftig; Christus, als Gottes Sohn, ist es gleichfalls. Nun aber hat Gott diesen Pneuma-Christus in mein Herz gegeben und mich (als ihm gehörig) versiegelt, d. h. bezeichnet. Also ist dieser Christus ein Unterpfand und Gott ein zuverlässiger Bürge (V. 18), daß ich zu euch die Wahrheit rede. Oder, wenn sich Paulus wegen seiner Erzählung der Vision (2. Kor. 12, 1 f.)[1] den Vorwurf des Selbstruhms zuzog, so entkräftet er diesen Vorwurf also (2 Kor. 5, 12—21): Die Liebe, die Christus hatte gegen Andere, (die aber ἐν Χριστῷ auch mich in Gewalt hat, B. 14, 17) war eine selbstlose Liebe, da er für (andre) Alle gestorben ist. Er that dies in der Absicht, daß nun auch wir, d. h. hier der Apostel, nicht mehr uns selbst leben, sondern ihm (15). Diese Absicht ist bei uns erreicht, die wir ἐν Χριστῷ, also auch ethisch neue Kreaturen sind. Zeichen, daß wir es sind: Wir haben erkennen gelernt den Tod Christi für Alle, d. h. wir sind

---

[1] Ich bin von der Richtigkeit der Vierkapitelhypothese vollkommen überzeugt.

gläubig geworden; und wie wir bald anerkennen müssen, bedeutet Gläubigwerden (πιστεύσαι) und Pneumaempfang, also auch ethische Erneuerung, ein und dasselbe Ereignis. Daher also, wenn wir gläubig geworden sind, und, was dasselbe heißt oder wenigstens gleichzeitig geschieht, wenn wir ethisch erneuert sind, so kennen wir von nun an Niemand nach dem Fleisch, d. h. wir wollen niemand einen ungerechten Vorteil verschaffen.¹ Mittelgedanke: Auch mich selbst nicht kenne ich auf diese Art. Früher allerdings, wo ich den Messias noch nach dem Fleisch kannte,² wo ich also noch nicht gläubig geworden war, noch nicht das Pneuma und die ethische Erneuerung hatte, wäre etwas derartiges, nämlich eigensüchtiger Selbstruhm, wohl möglich gewesen. Jetzt aber ist er ausgeschlossen. Ich kenne Christum nicht mehr nach dem Fleisch, bin also gläubig, also ethisch erneuert. Alles, was ich sage, auch die Erzählung der Ekstase, geschieht aus Gott, zu Gunsten Christi, nicht zu meinem Selbstruhm (V. 18—21, besond. 20—21).

Ich vermute, daß diese meine Exegese hier noch Befremden erregen wird. Man wolle jedoch den Zusammenhang zwischen ethischer Erneuerung und πίστις in Kap. 6 u. 7 nachlesen, so wird man eher diese Erklärung der schwierigen Stelle anerkennen.

Oder, wenn die Korinther dem Apostel schändlicherweise nachsagen, er habe sie in der Kollektenangelegenheit betrogen, so fällt es dem Angegriffenen nicht ein, Zeugen oder Rechnungsbelege beizubringen, was ja gewiß möglich gewesen wäre, sondern wieder beweist er a priori aus der Einwohnung Christi, daß er sie nicht betrogen haben könne (2. Kor. 12, 16 f.): Titus und die andern Sendboten haben euch nicht übervorteilt, das gebt ihr zu. Nun aber wandelte ich, da ich bei euch war, τῷ αὐτῷ πνεύματι wie Titus, also auch in denselben Spuren. Also kann auch ich euch nicht betrogen haben, quod erat demonstrandum. Denn wenn ihr zugebt, daß ich denselben Pneumachristus habe wie der ehrliche Titus, so ist auch bei mir jeglicher Betrug ausgeschlossen. Ueberhaupt ist es selbstverständlich, daß Paulus, als Pneumatiker, den Heimlichkeiten der Scham entsagt hat (2. Kor. 4, 2). Er zweifelt nicht daran, Christi Wohlgeruch zu sein, den dieser Gott darbringt (2. Kor. 2,15).

Und zwar nicht nur Paulus besitzt diese moralische Qualität — etwa als apostolisches Vorrecht, sondern er setzt sie auch bei allen seinen Gemeindegliedern voraus. Denn auch sie haben ja den Pneuma-Christus; und zwar, wie es nicht anders sein kann, auch sie besitzen ihn vollkommen. Indem z. B. Gott die Korinther berufen hat zur Anteilnahme am Pneuma-Christus, indem er ihn also

---

¹ 1. Thess. 5, 12 εἰδέναι = sorgen für.
² Lieber wäre es mir allerdings, wenn Χριστόν in V. 16 nicht dastünde; dann liese der Gedanke glatter. Vielleicht hat es auch ursprünglich gefehlt.

jedem Einzelnen mitteilte, ist Gott ein zuverlässiger Bürge, daß er sie auch festmachen wird bis aus Ende, un an klagbar an dem Tage unseres Herrn Jesu (1. Kor. 1, 8—9). Als Pneumatiker werden sie vom Pneuma getrieben (Gal. 5, 18), haben sie das Fleisch mit seinen Lüsten und Begierden gekreuzigt (Gal. 5, 24), sind sie dem vormaligen ungöttlichen Wesen entrissen (cf. 1. Kor. 6, 11; Röm. 8, 5, 8, 9) ꝛc. Das Pneuma giebt die Macht, die Praktiken des Leibes zu ertöten (Röm 8, 13), alle Versuchung zu überwinden (1. Kor. 10, 13), so daß von den Christen das großartige Wort gilt: Kein Verdammungsurteil also giebt es für die, welche ἐν Χριστῷ Ἰησοῦ sind (Röm. 8, 1); genau wie in 1. Joh. 3, 9: Jeder, der aus Gott geboren ist, kann nicht sündigen.

Man muß sich dem gegenüber denn doch fragen: Stimmen diese Aussagen mit den Thatsachen? Wir sollten denken, Paulus habe unter den Christen, denen er den Pneumabesitz nicht absprechen konnte, wohl die Erfahrung gemacht, daß nicht Alles Gold ist, was glänzt, daß auch in Christen noch ein bedeutender Rest Thatsünden blieb. Zumal die Korinther sollten ihm hierüber die Augen geöffnet haben. Wie nun fand er sich mit den Thatsachen offenbarer Schlechtigkeit, wo er sie antraf, zurecht?

Paulus hat diese Thatsachen nie begriffen. Sie waren ihm das Rätsel aller Rätsel. Er steht vor ihnen mit dem tonlosen „Wisset ihr nicht . . . .?" Wisset ihr nicht, daß ihr Tempel Gottes seid und das Pneuma Gottes in euch wohnt? (1. Kor. 3, 16; 6, 19, 20). Wisset ihr nicht, daß eure Leiber Christi Glieder sind?" (1. Kor. 6, 15) u. s. w. Es sind geradezu verzweifelte Sätze, diese zahlreichen ἢ ἀγνοεῖτε = oder οὐκ οἴδατε-Abschnitte. In ihnen drückt sich die völlige Ratlosigkeit dieses großen Idealisten aus. Wir werden noch am ausführlichsten dieser Sätze (Röm 6—7, 6) sehen, wie Paulus unter Aufbietung alles Scharfsinns, ja einer ganz schwierigen Dialektik beweist, es sei nun und nimmer möglich, daß ein Mensch ἐν Χριστῷ noch sündige. Aber auch sonst werden wir diese Dialektik noch antreffen. Gerade dann, wenn er auf Sünden stößt, beweist er, daß solche Sünden bei Christen unmöglich seien. Er disputiert theoretisch hinweg, was er doch als Thatsachen vor Augen sieht. Nachdem er z. B. (1. Kor. 6, 1 f.) die Korinther offen und ausdrücklich wegen ihrer Laster getadelt, fährt er plötzlich V. 11 weiter: Und dieserart waret ihr einige. Aber ihr habt euch abgewaschen, ihr wurdet geheiligt, für gerecht erklärt durch den Namen des Herrn Jesu Christi und in dem Pneuma unseres Gottes.[1]

Wir sehen daraus: Paulus will und will es nicht gelten lassen, daß ein Christ noch in seinen alten Sünden sei. Weshalb aber bleibt er so steif bei einer

---

[1] ἐν τ. ὀν. κτλ. und ἐν τ. πν. bedeutet dasselbe. Das Anrufen des Namens Jesu gilt, wie wir sehen werden, als Beweis des Pneumabesitzes.

Theorie, die mit den Thatsachen in grellem Widerspruch steht? Mit der Betonung des apostolischen Idealismus allein würde man nicht auskommen. Vielmehr liegt der Grund darin: Weil sich der Apostel die Einwohnung Christi vorstellt als die Einwohnung einer realen Persönlichkeit, nach Analogie dämonischer Besessenheit, so muß er daran festhalten, daß die Einwohnung auch eine vollkommene sei. Man darf sich über diese Schwierigkeiten nicht mit modernen Schlagwörtern weghelfen. Man sage nicht, Paulus habe ausdrücken wollen: Ihr seid „prinzipiell" oder „ideell" ganz vortreffliche Menschen, völlig Erneuerte, aber in Wirklichkeit seid ihr noch in euern Sünden. Solche modernen Ausdrücke bringen nicht Klarheit, sondern modernen Nebel in die sonst glockenhelle Atmosphäre des Paulus. Es ist nämlich nicht wahr, daß bei ihm ein Unterschied existiert zwischen Ideal und Wirklichkeit in dem Sinne, daß das Ideal in Wirklichkeit noch gar nicht erreicht wäre. Man lese sämtliche ἠ ἀγνοεῖτε- und οὐκ οἴδατε-Sätze nach, so wird man finden, daß wir in der That rechtbeschaffen s i n d, keine Sünde mehr h a b e n und keine haben k ö n n e n. Dies ist seine Gewißheit. Findet er Ausnahmen, so bleiben ihm diese ein Rätsel. Daß die Aufrechterhaltung der Theorie gegenüber unleugbaren Thatsachen dem grundehrlichen Manne herzlich sauer wurde, das dürfen wir wohl glauben. Er hat auch darnach getastet, den Zwiespalt zu mindern, indem er den Abgrund entweder verengerte oder überbrückte. Einen Ueberbrückungsversuch sehe ich z. B. darin, daß Paulus, dem Judentum seiner Zeit folgend, Sünden und Irrungen der Christen gelegentlich den bösen Geistern zuschrieb (1. Kor. 7, 5; 2. Kor. 2, 11, u. a.) In Gal. 1, 7; 5, 10 vermute ich hinter dem ταράσσων, Gal. 6, 1 hinter dem Versucher, Gal. 3, 1 hinter dem Verzauberer den Satan, ebenso in Röm. 8, 31 hinter dem τίς die in den Geisterreichen (V. 38—39) gemeinten Dämonen). Oder Paulus v e r e n g e r t den Zwiespalt, indem er den thatsächlich e t h i s c h e n Defekt als einen gnostischen, als einen solchen der Erkenntnis hinstellt. Wir werden aber später finden, daß die Gnosis, als soteriologisch indifferente, ekstatische Gabe, nicht in Vollständigkeit gegeben wird. Ein Defekt der Gnosis also alteriert durchaus nicht die Thatsache des vollen ethischen Pneumabesitzes. Daher spricht Paulus Röm. 12, 2, Phil. 1, 10 (cf. Röm. 2, 18) von einer Prüfung der Unterschiede (nämlich dessen, was gut und böse ist, Hebr. 5, 14), als ob es nur an der Erkenntnis liege, wenn die Christen noch sündigen. Allein diese Versuche haben für das System des Apostels keine Bedeutung, wenn sie auch in der jüdischen Literatur eine Rolle spielen.

Dagegen wäre ihm ein anderer Ausweg offen gestanden: die Annahme einer ethischen E n t w i c k l u n g des Christen. Allein diesen Ausweg hat er sich selbst grundsätzlich verschlossen. Christus muß nämlich, wenn er überhaupt einwohnt, ohne Rest im Menschen vorhanden sein. Hiergegen können einzelne Stellen, die s c h e i n b a r eine ethische Entwicklung lehren, nicht aufkommen. Denn in Wahrheit reben sie von einem Wachstum in ethischen Tugenden nicht. Z. B. der Ausdruck ἀπὸ δόξης εἰς δόξαν¹ (2. Kor. 3, 18) redet nicht von Entwicklung, sondern von göttlicher Herkunft und menschlicher Verwirklichung der δόξα. Aehnlich ἐκ πίστεως εἰς πίστιν (Röm. 1, 17.)² Die tägliche Erneuerung des innern Menschen ist kein Fortschritt, sondern ein ununterbrochenes Wiedererneuern, gleich οὐκ ἐγκακεῖν (2. Kor. 4, 16). Wohl redet Paulus von verschiedenem Maße des Glaubens Röm. 12, 3 cf. B. 6); aber unter πίστις ist hier ganz gewiß nicht die ethische Erneuerung, also nicht der ethische Teil des Pneumaempfangs, verstanden. Wie in 1. Kor. 12, so haben wir es auch hier mit der Wertschätzung ekstatischer Gaben und Kräfte zu thun. V. 6 ist das Maß des Glaubens, d. h. des Pneumaempfangs, für die ekstatische Prophetie bestimmend; wir haben also wohl eine Bedeutung von πίστις, welche der von ἐλπίς gleichkommt.³ Daher wird V. 3 entweder die ekstatische Gabe der Gnosis unter πίστις gemeint sein oder vielleicht auch die Ekstase überhaupt. Nun werden wir aber schon im nächsten Kapitel sehen, daß die ekstatischen Gaben allerdings wachsen können, ja wachsen müssen. Daß es auch mit den ethischen der Fall sei, wird also hier in Röm. 12 keineswegs behauptet. In 2. Kor. 10, 15 versteht Paulus unter der in Vermehrung begriffenen πίστις die ekstatische Wunderpistis, den Wunderglauben.⁴ Der Ausdruck in 1. Kor. 3, 5: „Jedem wie es der Herr gegeben hat" bezieht sich nicht auf den Glauben der Proselyten, sondern auf die Thätigkeit der Apostel. (cf. das Folgende, V. 6—9.) Der Unterschied zwischen νήπιοι und τέλειοι findet gleichfalls nicht auf dem ethischen, sondern gnostischen Gebiete statt (1. Kor. 2, 6; 3, 1); denn νήπιοι und σάρκινοι werden Diejenigen genannt, welche ihre Lehrer nicht richtig beurteilen (1. Kor. 3, 4 f.). Daß Christus unter den Galatern einst Gestalt gewinnen soll (Gal. 4, 19), wird als Erinnerung an seine Wiederkunft zu fassen sein. Das Bild 1. Kor 9, 24—27 handelt ebensowenig von der sittlichen Entwicklung des

---

¹ Sinn der Stelle: Mose mußte (V. 13) eine Decke auf sein Angesicht legen, damit die Kinder Israels nicht das Abnehmen des Glanzes auf seinem Gesicht merkten. Dieser Vergänglichkeit aber werden die Juden bis auf den heutigen Tag nicht gewahr. Auch über ihrem Herzen liegt eine Decke, welche erst durch Hinwenden zum Herrn weggenommen wird (V. 14—17). Wir aber Alle, indem wir — ähnlich wie Mose — mit aufgedecktem Antlitz die Herrlichkeit des Herrn im Spiegel wiederstrahlen gemacht werden, werden — anders als Mose — verwandelt... Der Glanz Mose verging, der unsrige bleibt, entsprechend dem (V. 18), daß er vom (einwohnenden) Herrn, dem Pneuma herrührt. Moses wurde in Gottes Bild nicht verwandelt, wir aber in das Christi. So gereicht uns die δόξα τοῦ Χριστοῦ nicht zur bloß vorübergehenden Spiegelung, sondern zur bleibenden Verwandlung, d. h. zur wirklichen δόξα, ἀπὸ δόξης εἰς δόξαν.
² Nicht ἐξ ἔργων εἰς ἔργα, sondern ἐκ π. εἰς π. Derselbe Gedanke wie in Gal. 3, 3, 5.
³ Vgl. Kap. 7.
⁴ Vgl. Kap. 7 z. b. Stelle.

Christen im Allgemeinen. Man mache sich denn doch ein klein wenig klar, wie dieser Gedanke in diesen Zusammenhang käme? Sondern Paulus redet an der ganzen Stelle offenbar von der Mühe, die er sich gebe, um es im Apostelamt allen andern Aposteln zuvorzuthun, indem er keine Bezahlung annimmt u. s. w. (Vgl. seinen Vorzug vor den übrigen Menschen in 1. Kor. 7, 1, 8; vor den Aposteln in 2. Kor. 11, 10); Auch die scheinbar allgemeine Ermahnung B. 24 (οὕτως τρ.) hat gar keinen Sinn, wenn man sie an die Korinther gerichtet denkt. Für sie kann doch nicht der Ausspruch gelten, daß nur Einer den Kampfpreis erlangt? Sie sollen ihn ja Alle erlangen, insofern der Kampfpreis das allgemein religiöse Ziel, das einstige ewige Leben ist! Also muß hier an einen Kampfpreis gedacht werden, den nur Einer erlangen kann, nämlich an den Vorzug, den Paulus vor den übrigen Aposteln zu erringen gedenkt; die Ermahnung dazu ist eine Selbstermahnung des Apostels Paulus, aber verallgemeinert mit einem Seitenblick auf die Gegner, die, ohne Opfer zu bringen unrechterweise ihm, dem Alles Hingebenden, auf Alles Verzichtenden, vorgezogen worden. — Phil. 1, 6 erwähnt Paulus allerdings einen Anfang und ein Ende des guten Werks, aber nicht als zwei verschiedene Entwicklungsstufen, sondern, entsprechend 1. Kor. 1, 4—9, als ein Erhalten in der voll verliehenen Gnade. Ebensowenig sollte man in Phil. 2, 12 den Gedanken eines Fortschritts suchen, da 13 im Gegenteil der absoluten Uebereinstimmung des Vollbringens mit dem Wollen gedacht wird.

Aber nun noch eine Stelle, die unsrer Auffassung ernstlich Gefahr zu bringen scheint, Phil. 3, 12 f.! Zunächst, wenn wir genau hinsehen, so werden wir bemerken, daß auch hier nicht von einem ethischen, sondern von einem gnostischen Fortschritt die Rede ist. Es handelt sich nämlich um Schätzung der Vorzüge des Judentums. Paulus gesteht, er habe diese Vorzüge für nichts geachtet, damit er Christum gewinne und erfunden werde als in ihm seiend (V. 8—9.); würde er nämlich noch an den Vorzügen des Judentums, an der Beschneidung u. s. w. festhalten, so würde er den Pneumaempfang, die Gnadengabe Gottes, verachten. Also Paulus taxiert die von Andern so hochgeschätzten Vorzüge des Judentums für nichts, ja für Schaden gegenüber dem Gewinn Christi. Was aber bringt ihm dieser an neuen Vorteilen gegenüber den aufgegebenenen? Die δικαιοσύνην τὴν ἐκ θεοῦ (V. 9), d. h. wie wir später sehen werden, den Pneumaempfang.[1] Von den Gaben, welche

---

[1] In Kap. 5 wird bewiesen werden, daß δικαιοσύνη geradezu für Pneumaempfang stehn kann, pars pro toto. Allerdings bedeutet δικαιοσύνη in der Regel die ethische Erneuerung. Aber gerade an unsrer Stelle wird sie dieselbe nicht bedeuten, weil der Erfolg der δικαιοσύνη die Gnosis von V. 10—11 ist. Diese Gnosis aber geht nicht aus der ethischen Erneuerung hervor, sondern mit derselben aus dem Pneumaempfang. Auf keinen

derselbe bringt, hebt nun Paulus eine gewisse Kategorie hervor, nämlich die gnostischen Güter (V. 10): Erkenntnis Christi und der Bedeutung seiner Auferstehung. Aber auch Erkenntnis der Bedeutung dessen, daß er, Paulus, am Leiden Christi Teil hat, indem er nämlich ähnlich gemacht wird dem Tode Christi, Aehnliches leidet wie sein Herr; d. h., wie wir noch sehen werden, Paulus betrachtet seine Leiden in ganz anderem Licht als die Juden, nämlich als Mitleiden mit Christus, welches den Erfolg hat, daß er dereinst auch mit Christo verherrlicht wird; denn wenn er mit dem Herrn leidet, so thut er es in der Absicht (V. 11) und Erwartung (εἴπως, cf. Röm. 11, 14), vollständig zu gelangen zu der Auferstehung von den Toten.

Bisher hat Paulus in V. 10 und 11 von der Gnosis gesprochen, von gnostischen Gütern, welche der Pneumaempfang ihm gebracht hat. Auf diese muß er auch deswegen den Nachdruck legen, weil er um der Erkenntnis der falschen Vorzüge des Judentums willen die ganze Erörterung eingeführt hat. Gegenüber der schmerzlichen Erkenntnis, daß diese vormals hochgeschätzten Vorzüge nichts, ja schädlich seien, führt er nun die wertvolle neue Erkenntnis an, die γνῶσις Χριστοῦ Ἰησοῦ. Diese Gnosis wird hier ziemlich ausführlich in verschiedene Teile zerlegt. Und nun, nachdem Paulus die Gnosis Christi in ihrem eigentümlichen Wert geschildert hat, fährt er fort (V. 12): Nicht daß ich es schon ergriffen hätte oder schon τέλειος geworden wäre, aber... 2c. Was hat er noch nicht ergriffen, worin ist er noch nicht vollkommen, wem jagt er noch nach? Der ethischen Idealbeschaffenheit? Davon ist im ganzen Zusammenhang gar nicht die Rede, sondern von der γνῶσις. Wie könnte Paulus plötzlich von etwas anfangen, ohne es zu nennen, das im Zusammenhang gar keinen Platz hat? Paulus redet doch nicht Alles, was ihm gerade einfällt, buntscheckig durcheinander! Also wird es wohl die Gnosis sein, in der er eine Vervollkommnung noch nötig hat und auch begehrt, und zwar begehrt auf Grund dessen, daß er von Jesus Christus ergriffen wurde, d. h. als Pneumatiker. Nochmals (V. 13) versichert Paulus ausdrücklich seine Unvollkommenheit in der Gnosis. Weshalb diese Versicherung? Er will damit das Wertlegen der Philipper auf die Gnosis, woraus Streitigkeiten entstanden, dämpfen. Es ist nötig, d ß in Philippi auf dem Gebiet der ἐπίγνωσις die Liebe einen Zuwachs erhalte u. s. w. (1, 9). Daran hat es offenbar gefehlt. Die Gnosis hat wie in Korinth, so auch hier Einbildung und Zwiespalt geschaffen. Daher muß Paulus dringend zur Einigkeit ermahnen; (1, 27; 2, 1 f.) er muß das Beispiel der Selbstlosigkeit Christi vor Augen stellen; er muß bitten, über dem

---

Fall soll mit δικαιοσύνη die ethische Erneuerung betont werden, denn das hätte hier gar keinen Sinn, wo der Gedanke offenbar von dem ἥγημαι in V. 8 zu dem γνῶναι in V. 10 weiterschreitet, an welches γνῶναι dann wieder V. 12 anknüpft.

Streit nicht die Sorge um die σωτηρία (2, 12) zu vergessen. Paulus geht in den Ermahnungen so weit, daß er sogar über seine **unlauteren** Mitarbeiter in auffallender Toleranz sich äußert (1, 18). Man sieht, es ist dem Apostel in diesem Schreiben wirklich darum zu thun, die verschiedenen Meinungen, die in der Gemeinde entstanden sind und die Einigkeit bedrohen, zur Liebe, zur gegenseitigen Unterordnung, zur Geduld zu bringen. Sogar selbst nach dem gewaltigen Aufflammen apostolischer Leidenschaft gegen die Verführer zum Gesetzesdienst (in 3, 2 f.) lenkt Paulus wieder mit Geschick auf dieses Grundthema des Briefes zurück. Er kommt wieder auf die Gnosis zu sprechen. Und nun ermahnt er die, welche nicht einer Meinung, nicht eines Geistes sind, zur **Bescheidenheit**, indem er ihnen das Unvollkommene jeder Gnosis vorhält (1. Kor. 13!). Ja sogar von sich, dem Apostel, gesteht er ein, daß die γνῶσις Χριστοῦ Ἰησοῦ noch nicht vollkommen sei. Er hat das Vollkommene noch nicht ergriffen. Ohne Schmerz gesteht er das. Offenbar hält er die Gnosis nicht für so sehr wichtig. Denn nur an Einem hält er fest: „Eines aber (V. 14), indem ich das, was hinten liegt, vergesse, mich aber ausstrecke nach dem, bas vorne liegt, laufe ich dem Ziele nach auf den Kampfpreis der ἐν Χριστῷ Ἰησοῦ erfolgten oberen Berufung Gottes los. Welches ist dieser Kampfpreis? An 1. Kor. 9 darf nicht gedacht werden, weil dort nur von seiner apostolischen besondern Leistung gesprochen wird, hier aber offenbar von Etwas, das Alle leisten sollen (V. 15—17). Vielmehr muß unter diesem Kampfpreis das ewige Leben verstanden werden. An dessen Wichtigkeit gegenüber gnostischen Interessen erinnert er hier wie 2, 12. In Erwartung dieses Preises vergißt er nicht nur seine Gnosis, sondern Alles, was dahinten liegt, streckt er sich nur nach dem, das vorne liegt. Und nun wendet sich Paulus mit freundlicher Ironie wieder an die Streitsüchtigen, an die, welche sich für τέλειοι in der Gnosis halten: Daher also, die wir „vollkommen" sind, dies laßt uns als Gesinnung haben. (V. 15). Was denn? Daß wir bescheiden unsre Gnosis auch noch für unvollkommen halten [1] und lieber an unsre Seligkeit denken als an unsre Weisheit. Und wenn ihr in irgend etwas verschiedener Meinung seid (V. 15), so meint nicht, daß ihr ein Jeder die Wahrheit habt; auch das, worin ihr uneins seid, wird Gott euch offenbaren. Wartet also darauf. Nur Eines sollt ihr nicht aufschieben: einen und denselben **Wandel** zu haben, τῷ αὐτῷ στοιχεῖν in dem, worauf wir (gemeinsam) bisher gekommen sind (V. 16.) Es giebt also genug, was Euch einigt, nämlich der ethische Wandel. Und das ist das Wichtigste. Darauf seid bedacht. Wie wichtig dieser gemeinsame Wandel — eine ethische Nachfolge des Apostels Paulus selbst — ist, und wie abscheulich und gefährlich das Gegen-

---

[1] Cf. 1. Kor. 8, 2 εἴ τις δοκεῖ ἐγνωκέναι τι, οὔπω ἔγνω καθὼς δεῖ γνῶναι.

teil, wird dann noch V. 17—21 und 4, 1 weiter entwickelt, um aber wieder 4, 2 zu der Mahnung zurückzukehren, die den leitenden Faden des Briefes bildet: τὸ αὐτὸ φρονεῖν.

Auch über Phil. 2, 12 wäre noch ein Wort zu sagen. Paulus meint: Anstatt der Händelsucht und Lust zum Abfall sollen die Philipper lieber bedacht sein auf ihr Heil, indem sie sich, folgend dem Beispiel des Herrn, der Berufung Gottes fügen. Nun aber kann eine solche Berufung, wie u. a. 2. Kor. 11, 1—4 und 13—15 zeigt, durch dämonische, rsp. satanische Verführung vereitelt werden. Daher glaube ich, die Furcht und das Zittern, womit die Philipper ihre Seligkeit schaffen sollen, wird mit Recht als den bösen Geistern geltend bezeichnet. Wenn Paulus hiebei den Ausdruck κατεργάζεσθαι (V. 12) gebraucht, so kann derselbe nicht im Sinne eigener bewußter Mitarbeit des Menschen an seinem Heil gemeint sein, sondern nur im Sinne der Abwehr der schädlichen dämonischen Beeinflussungen. Eigenes positives Arbeiten ist durch V. 13 geradezu ausgeschlossen, wo im Gegenteil Gott als Ursache nicht nur des Thätigseins, sondern sogar des Wollens genannt wird.

Wir haben also keine Veranlassung gefunden, von unserer Behauptung abzugehn, daß Paulus die ethische Erneuerung nur als eine vollständige kennt, und haben auch den Grund davon angegeben.

---

4. Kapitel.

Heilswert der ethischen Erneuerung gegenüber der Ekstase.

Bis jetzt lernten wir zweierlei Wirkungen des einwohnenden Pneuma-Christus kennen: Die Ekstase und die ethische Erneuerung. Es lag der Irrtum nahe, daß die Christen in ihrer schwärmerischen Leidenschaft die Ekstase für die Hauptsache am Christentum, wenigstens für heilswichtig hielten. Sehen wir doch z. B. in Korinth, daß sich Paulus genötigt sieht, gegenüber der Ekstase den Heilswert der ethischen Gaben hervorzuheben. Diese Aeußerungen sind so wichtig, daß wir sie genauer durchgehn müssen. Sie zeigen nämlich, daß Paulus der Ekstase keinen, der ethischen Erneuerung aber allen Heilswert zumißt. Und zwar thut er das unter drei Gesichtspunkten: Erstens bestehn die ethischen Gaben allein vor Gottes Urteil; zweitens sind bloß sie vollständig gegeben, weil unentbehrlich; drittens stellen sie die eigenste Wirkung Christi dar.

In dem 13. Kap. des 1. Korintherbriefes stellt Paulus ekstatische Gaben, nämlich Prophetie, Zungenreden, Gnosis dem Glauben, der Hoffnung, der Liebe gegenüber (8—13). Von der Ekstase sagt er, sie vergehe, weil sie (γάρ V. 9) unvollständig sei; der Gnosis, der Prophetie und dem Zungenreden hänge ein Mangel an. Dagegen der Glauben, die Hoffnung, die Liebe werden bleiben (weil sie ohne Mangel vollständig gegeben sind).

In diesen Ausdrücken Bleiben und Vergehen (vor Gottes Gericht) liegt natürlich ein Werturteil über den betr. Gegenstand ausgesprochen. Der Hebräer faßt alles Bleiben oder Vergehen als Gottesurteil, wie er umgekehrt den Wert eines Dinges dadurch charakterisiert, daß er ihm kürzere oder längere oder ewige Dauer verheißt. Nun aber ist das Interessante, daß diese Ausdrücke Bleiben und Vergehen, die zu Werturteilen geworden sind, daneben ihre temporäre Bedeutung stets beibehalten. Wenn z. B. 1. Kor. 3, 10—15 die missionierende Thätigkeit der einzelnen Apostel nach ihrem Wert geschildert werden soll, so drückt dies Paulus so aus, des E i n e n Werk werde im Feuer b l e i b e n, das des Andren verbrannt werden. Wie aber kann eines Apostels Art zu missionieren verbrannt werden? Sie kann verurteilt werden, kann auch in der Menschheitsgeschichte durch Mißerfolge ihr Urteil wirklich erleben, aber sie kann unmöglich mit Feuer verbrannt werden. Daß die Bedeutung der betr. Zeitwörter eine doppelte ist, die ursprüngliche temporäre und die übertragene moralische, schafft ein völlig unentwirrbares Bild.

Unter diesem Doppelsinn aber leidet auch 1. Kor. 13, wie wir im Einzelnen sehen können. Inhalt des Kapitels ist: Zungenreden (V. 1), Prophetie, Gnosis bergeversetzender Wunderglaube (V. 2), alle Selbstaufopferung (V. 3) sind nichts haben keinen Wert vor Gott ohne die Liebe. Daher bleibt in Gottes Gericht die Liebe. Sie fällt nicht dahin (V. 8). Bis hieher ist der Gedanke vollkommen klar.

Nun aber nimmt der Strom eine andere Wendung. Nicht nur die Liebe bleibt, wird nicht vernichtet, d. h. sie besteht in Gottes Urteil, sondern auch noch der bergeversetzende Glaube und die Hoffnung (V. 13), und zwar wird jetzt der Glaube ohne Einschränkung genannt, abgesehen davon, ob er mit Liebe verbunden ist oder nicht. Ebenso auch die ἐλπίς, welche doch den Beweggrund der προφητεία, des apokalyptischen Schauens, bildet. Erwartet hätten wir, daß nur die Liebe bleibet, d. h. Wert hat. Das fordert unbedingt das Vorhergehende. Daß auch noch Hoffnung und bergeversetzender Glaube mit zum Bleibenden gerechnet wird, hat seinen Grund in Folgendem: Paulus meint in V. 8 das Bleiben der Liebe wie das Vergehen der Ekstase in übertragener Bedeutung, als Werturteil, soweit der Gegensatz gegen die vorhergeschilderten pneumatisch-ekstatischen Güter in Betracht kommt. Aber das Fatale ist, daß das „B l e i b e n" bei Paulus die zeitliche Bedeutung neben der Bedeutung als Werturteil, also die wirkliche neben der übertragenen, beibehält. Sobald also der Apostel redet von Bleiben und Vergehen, kommt ihm auch das B i l d d e s G e r i c h t s vor Augen. Und da paßt nun gerade das nicht, was für Bleiben als Werturteil paßte: Die Glossolalie hört n i c h t auf, sondern wird s e l b s t vollkommen (V. 14); das apokalyptische visionäre βλέπειν ist nicht zu Ende, sondern geschieht erst recht in Vollkommenheit, nämlich von Angesicht zu Angesicht (12). Die Vermittlung der Engel — gewissermaßen als Spiegel —, welche manches rätselhaft läßt, hört auf (12). Ebenso ist die Gnosis nicht zu Ende, sondern entspricht sogar der Vollkommenheit der göttlichen Berufung, welcher sie einstweilen hier noch nicht entspricht (12). So steht also die Sache jetzt, nachdem Paulus sich auf die eigentliche Bedeutung des Wortes Bleiben besonnen hat. Es vergeht also nicht die Ekstase, sondern nur die menschlich unvollkommenen einzelnen ekstatischen Aeußerungen. Diese vergehen allerdings und müssen vergehen, weil sie unvollkommen sind und jede Vervollkommnung, also auch die letzte und höchste, alle vorhergehenden Stufen vernichtet, indem sie an ihre Stelle tritt (V. 9—11). Aber wenn auch die jetzt in diesem Leben existierenden ekstatischen Aeußerungen dort aufgehoben sind, so ist es doch die Ekstase selbst nicht. Diese erreicht vielmehr erst ihren Höhepunkt. Die Ekstase vergeht also — moralisch —, wenn sie ohne Liebe ist, und bleibt — temporär — ohne jede Rücksicht auf die Liebe. Diesen Widerspruch hat nun Paulus sofort dadurch verglichen, daß er (V. 13) wieder — nicht der Ekstase selbst, sondern allein den ihr zugrundeliegenden ethisch-religiösen Motiven das Bleiben zuerkennt. Allein jetzt ist nach beiden Seiten hin nichts gebessert. Als Werturteil genommen kann das Bleiben nicht von Glauben und Hoffnung allein ausgesagt werden, denn ihren Wert giebt ihnen ja erst die Liebe (V. 1—3). Und temporär verstanden gilt das Bleiben wieder nicht den Motiven, sondern auch ihren allerdings vollkommenen Aeußerungen. Dadurch kommt nun in dieses wundervolle Kapitel eine beklagenswerte Verwirrung. Wir werden dieselbe nur dadurch überwinden, daß wir sie anerkennen, aber erklären. Und indem wir wissen, daß sie lediglich von der Doppelbedeutung des Wortes Bleiben herrührt, haben wir sie schon überwunden. Denn jetzt können wir einstweilen die Sätze übersehen, welche durch die temporäre Bedeutung von Bleiben veranlaßt sind (V. 9—12) und dürfen zur moralischen Bedeutung derselben als Werturteil zurückkehren, die ja allein für uns Interesse hat; alsdann aber werden wir die Betrachtung V. 1—3 so fortsetzen: Allein die Liebe hat vor Gott Wert und alles Andere, auch die Ekstase an und für sich nicht. Insofern ist die Behauptung begründet, die Liebe sei die größere unter den Gaben. Haben wir diesen Zusammenhang hergestellt, so ist uns freilich nicht verboten, auch V. 4—7 und 9—12 für sich in ihrer eigenen Schönheit und Wahrheit zu betrachten. Und da hebe ich nochmals den Gedanken heraus, daß, wie der Ekstase wegen ihrer Unvollkommenheit der Untergang vorausgesagt wird (K. 8 f.), so auch hier dem Bleiben der Liebe ihre Vollkommenheit zugrunde liegen muß, abermals ein Beleg dafür, daß die ethischen Gaben nicht stückweis, nicht in fortschreitender Entwicklung, sondern vollständig gegeben werden (vgl. V. 4—7).

Aus diesem Grund, weil sie allein Heilswert besitzen, werden die ethischen

Gaben „die größeren" Charismen genannt (1. Kor. 12, 31) im Gegensatz zu den ekstatischen. Oder wenn der Apostel 1. Kor. 3, 12 redet von Holz, Heu, Stroh, so meint er damit die Ekstase, wenigstens die falsche σοφία oder γνῶσις (B. 18 ff.); alsdann läßt sich das Gold, Silber, die Edelsteine leicht und mit Recht auf die ethischen Geistesgaben deuten. Möglich wäre auch, daß Paulus die ekstatischen Gaben in eine gewisse psychologische Rangunterordnung gegenüber den ethischen bringt; der (1. Kor. 13) γνῶσις entspricht die πίστις (als Anerkennung Christi), der Glossolalie die Liebe (die sich äußert in Ausrufungen wie ἀββᾶ πατήρ u. f. w.); der Prophetie entspricht die Hoffnung. Dann hätten wir in der Ekstase unvollkommene, stetig sich entwickelnde, in den jeweiligen Formen absterbende Aeußerungen ethischer Gaben (φανερώσεις τοῦ πνεύματος 1. Kor. 12, 7) zu sehen, während die entsprechenden innerlichen Zustände das Vollkommene bedeuteten, das bleiben wird. Man könnte an den Unterschied des darstellenden und wirksamen Handelns denken.

Zweitens sagt Paulus von der Ekstase, sie sei nicht heilsnotwendig. Denn sie braucht dem Menschen zum Heil nicht vollkommen gegeben zu sein. Sie ist das auch in der Regel nicht. Es finden Verteilungen statt (Röm. 12, 6; 1. Kor. 12, 4).[1] Dem Einen wird diese, dem Andern jene ekstatische Gabe verliehen Bei jeder einzelnen ist Wachstum möglich, ja selbstverständlich (1. Kor. 13, 8—12). Eine Unvollkommenheit der Ekstase also schadet zum Heil nicht. Man denke daran, daß Paulus jeden Augenblick den Hereinbruch der Weltkatastrophe, die Ankunft Christi und das Gericht erwartet. Wenn er also trotzdem die Unvollkommenheit der Ekstase ohne Schaden für das Heil voraussetzt, so folgt daraus, daß er der Ekstase keinen Heilswert zumißt. Dagegen von den ethischen Gaben ist gesagt, daß sie zum Gericht nicht entbehrt werden, also ohne Heilsschaden nicht unvollkommen sein können. Wenn Paulus gelegentlich einmal eine ethische Geistesgabe erwähnt, welche nicht Allen zuteil werde, so thut er mit dieser einzigen Ausnahme kund, daß die Andern notwendig seien (1. Kor. 7, 1, 8).

Endlich noch ein drittes. Es ist klar, daß Paulus von den ekstatischen Gaben redet als von Pneumata. Er kennt Pneumata von Propheten (1. Kor. 14, 32). Der ekstatische Eifer der Korinther gilt den πνεύματα (1. Kor. 14, 12). Die Unterscheidung des von Visionären Geschauten heißt Unterscheidung der Geister (1. Kor. 12, 10), ob sie nämlich von Gott sind oder vom Teufel. Nun aber können wir unter πνεύματα nach dem Sprachgebrauch des Judentums und neuen Testamentes nichts anderes verstehn als Geistwesen, Engel.[2] Auch wissen wir, daß die Engel gewöhnlich als Vermittler der göttlichen Offenbarungen auftreten. Auch

---

[1] 1. Kor. 12, 9 steht πίστις unter lauter ekstatischen Gaben. Wir müssen hier wohl wie Röm. 14, an γνῶσις denken.

[2] Vgl. Everling z. d. betr. St.

Paulus kennt diese ihre Funktion. Sie haben die Gesetzgebung am Sinai vermittelt (Gal. 3, 19). Die Worte, die Paulus in der Ekstase hört (2. Kor. 12, 4), die nicht von Menschen herrühren können, sind selbstverständlich Engelsstimmen. Er hält es für möglich, mit Engelszungen zu reden (1. Kor. 13, 1). Ueberhaupt schon der Ausdruck γλώσσαις λαλεῖν läßt des Plurals wegen nicht an Menschen- sondern Engelszungen denken; denn allerdings müssen mehrere Engel, wie andrerseits mehrere Dämonen, von dem Menschen Besitz ergreifen, um diese sonst unerklärliche unartikulierte Verwirrung der Sprache zu bewirken. Dagegen von Menschenzungen gebraucht hätte der Ausdruck keinen Sinn; 1. Kor. 13, 1 ist er nur als Analogie zu τῶν ἀγγ. veranlaßt durch γλώσσαις, eingeführt.

Aus diesem geht hervor, daß Paulus wie seine Zeit die Ekstase auf Offenbarungen von Pneumata, von untergeordneten Geistwesen zurückführt, während die ethischen Gaben nur ἐν πν. resp. ἐν Χριστῷ, gegeben werden. Natürlich aber liegt in dieser Unterscheidung abermals ein Werturteil. Geht doch auch der Minderwert des Gesetzes daraus hervor, daß es durch Engel vermittelt wurde. (Gal. 3, 19). Wir werden nicht irren, wenn wir die Thätigkeit der Engel auch bei der Ekstase als ein Zeichen ihres geringeren Wertes auslegen.[1]

Dieser letzte Punkt, daß die ekstatischen Gaben Wirkungen nicht Christi, sondern der Pneumata seien, ergänzt die Ausführungen des vorigen Kapitels in sehr erwünschter Weise. Wir haben dort das Einwohnen Christi nach der ethischen Seite hin als vollständiges gesehen, die Wirkungen also als vollständige ethische Erneuerung. Wir haben erkannt, daß die Vollkommenheit der ethischen Erneuerung durch die selbstverständlich vollständige Einwohnung des Pneuma-Christus gefordert wird. Hier bemerken wir nun weiter, wie Paulus umgekehrt mit der Unvollständigkeit der ekstatischen Wirkungen die Anschauung parallel gehn läßt, nicht Christus selbst, sondern untergeordnete Geistwesen brächten diese Gaben hervor. Natürlich! Indem Paulus den Heilswerth der Ekstase leugnet, braucht er sich nicht der Bemerkung zu verschließen, daß die Ekstase nur in verschiedenen Graden gegeben wird, daß sie verschiedene Stufen aufweist; also können auch verschiedene Geistwesen stufenweise an ihr beteiligt sein. Dagegen leugnet Paulus die Möglichkeit einer **ethischen** Entwicklung auf Grund der Annahme, daß Christus selbst sie vermittle, daß sie also ein für allemal durch die einmalige Einwohnung des Pneuma-Christus abgeschlossen sei; womit dann der weitere

---

[1] 2. Kor. 12, 2 schreibt Paulus die Ekstase direkt der Wirkung Christi zu, indem er seinen Zustand als Ekstatiker nennt ἐν Χριστῷ (γενέσθαι), was sonst das N. T. bezeichnet mit ἐν πν. Allein es ist bei Paulus keineswegs ausgeschlossen, daß zwar die Einwohnung Christi die Ekstase bedingt, daß aber die Vermittlung dieser Wirkung doch noch die Thätigkeit von Engeln voraussetzt, die als Diener der Rechtbeschaffenheit Christi Befehle ebenso ausrichten, wie die Dämonen als Satans Diener die Befehle ihres Obersten.

Gedanke parallel geht, daß die ethische Erneuerung, weil heilsnotwendig, stets vollständig gegeben sein müsse.

Man könnte einwenden: Selbst wenn die Heilsnotwendigkeit der ethischen Gaben vorausgesetzt wird, könnte trotzdem auch die ethische Erneuerung den Pneumata, den untergeordneten Geistern, zufallen, also eine Stufenfolge der Entwicklungen stattfinden.[1] Es wäre damit jener peinliche Zwiespalt zwischen Theorie und Thatsachen vermieden. Aber abgesehn von allem Andern durfte Paulus, wie bereits gesagt, schon aus eschatologischen Gründen diesen Gedanken nicht aufkommen lassen. Die Christen müssen jeden Augenblick zur Wiederkunft Christi gerüstet sein. Sie müssen unanklagbar sein (1. Kor. 1, 8), sonst hätte die ganze Heilsveranstaltung Gottes ἐν Χριστῷ, keinen Wert. Aber wie konnte überhaupt Paulus die ethische Erneuerung den Engeln zuschreiben, wenn er sie als Wirkung Christi erlebt hat? Es ist nicht müßige Spekulation, wenn der Apostel sein neu gewirktes Christenleben Christo zuschreibt; es ist Erfahrung. Niemand konnte die Frucht des Geistes geben als Jesus. Wenn wir die einzelnen Bestandteile der Folgen des Pneumaempfangs betrachten, so erkennen wir in ihnen eine Beschreibung unseres historischen Jesus. Das waren die Züge seines Wesens: Liebe, Freude, Friede, Geduld, Milde, Güte, Glauben, Sanftmut, Keuschheit. Diese Charakterzüge sind auf Paulus übergegangen. Er erkennt das dankbar an, wie sollte er also dazu kommen, die selbsterlebte Wirkung Christi Jemand anders zuzuschreiben?

Nicht so steht es mit der Ekstase. Diese kann er nicht im Allgemeinen und nicht in der christlichen Form als eigenste Wirkung Christi betrachten. Denn es giebt ja auch dämonische Ekstase. Und selbst die speziell christliche dem Herrn selbst zuzuschreiben, wäre bedenklich, da sie der dämonischen zum Verwechseln ähnlich sieht, so daß die Thätigkeit des Pneumachristus von der Satans kaum verschieden wäre. Endlich müssen wir daran denken (cf. 2. Kor. 12), daß Paulus selbst auch noch Visionen hatte, in denen Gott und Satansengel zusammen auftreten, so daß beide Arten von Ekstase in einander überfließen; da kann von einer speziellen, abgeschlossenen Wirkung Christi nicht mehr die Rede sein.

Aus alledem folgern wir, daß Paulus der Ekstase einen geringen Wert, ja keinen Heilswert zuschreibt. Denn sonst müßte sie Jedem und vollständig gegeben sein. Heilswert vor Gott hat vielmehr, wie wir auch sonst noch zur Genüge konstatieren werden, die ethische Beschaffenheit allein. Wie aber kommt Paulus zu dieser Behauptung? Hat er sie aus Büchern gelernt?

Ich glaube nicht, sondern diese Erkenntnis floß aus eigenster, innerster Erfahrung, und die Erfahrungsfähigkeit und -Tatsache ruhte auf genialer reli-

---

[1] Indem nämlich Gott bei jedem Menschen die jeweilige Entwicklungsstufe als solche in Betracht zöge, wie ein jeder Erzieher thut.

giöser Veranlagung. Bahnbrechende Künstler sind genial im ästhetischen Empfinden, Schauen und Bilden. Sie empfinden instinktiv was schön ist, und sie gestalten von diesem Empfinden aus neue, schöne Gebilde. Ein religiöses Genie aber ist genial im instinktiven Erfahren dessen, was gut ist vor Gott, im Erleben des rechten Verhätnisses des Menschen zu der Gottheit, im Erleben des Ideals des Guten. Paulus war wohl ein hervorragend begabtes religiöses Genie. Denn er hat in seinem tiefsten Innern instinktiv und mit Sicherheit erfahren dürfen, was gut ist, d. h. wertvoll vor Gott und was nicht. Seine religiöse Veranlagung muß eine so geniale, so feine gewesen sein, daß sein Gewissen auf jede Erscheinung hin sicher und richtig reagierte. Paulus hat durch sein Gewissen die Auskunft erhalten, daß weder rituelle Gesetzeserfüllung noch Ekstase Wert vor Gott haben, sondern nur die ethische Beschaffenheit allein. Hier ist weiter nicht mehr zu fragen und zu grübeln. Dieses Erleben ist Gottes Offenbarung. Danken wir Gott, daß er dem Apostel die Offenbarung zuteil werden ließ, die ihn veranlaßte, der Ausartung des Christentums in ekstatische Schwärmerei wirksam entgegenzutreten.

Hiermit glaube ich in der Lage zu sein, die Ausführungen Gunkels in Etwas zu ergänzen. Gunkel hat nämlich in seiner scharfsinnigen Abhandlung siegreich nachgewiesen, daß Paulus sich von den andern Aposteln sowie auch von den Grundsätzen des alten Testamentes entfernt, wenn er prinzipiell nicht nur die Ekstase, sondern auch das ethische Christenleben den Wirkungen des Pneuma zuschreibt. Gunkel fragt auch nach dem psychologischen Grund dieser Erscheinung und findet ihn in Folgendem: dem Apostel war sein Leben ein Rätsel, dessen Lösung ihm seine Pneuma-Lehre ward (S. 91). Es hat sich nämlich ihm in seinem Christenleben eine solche Macht offenbart, daß er dieselbe nicht mehr für menschlich, sondern für göttlich hielt, für aus den Kräften eines Menschen aus diesem Aeon schlechterdings unerklärbar (S. 79). Dies ist ganz vortrefflich gesagt, trifft auch einen Nagel auf den Kopf, aber nicht den rechten. Allerdings hat Paulus seinen Christus deshalb mit dem göttlichen Pneuma identificiert, weil er die Wirkungen Christi als so hoch und so selig empfand, daß er sie direkt als göttliche, als pneumatische Wirkungen, als die Offenbarung Gottes, taxierte. Daher seine Pneuma-Christus-Lehre.[1] Aber nie und nimmer war dem Apostel sein C h r i s t e n l e b e n ein Rätsel, nach dessen Lösung er erst fragen mußte. Sein Leben war ja erlebt. Paulus hat ja die Einwohnung Jesu Christi erfahren; er hat die ethischen Folgen dieser Einwohnung mit unendlicher Seligkeit verspürt. Wie konnte sie ihm also ein Rätsel sein? Ueberhaupt ist es von vornherein nicht richtig, daß Paulus dem P n e u m a die ethischen Wirkungen zuschreibt. Die Hauptformel lautet nicht ἐν πνεύματι, sondern ἐν Χριστῷ. Die Formel ἐν

---

[1] Vgl. S. 12.

xv. gilt nur insofern Christus und Pneuma identisch sind. Paulus hat die ethische Erneuerung als eine Wirkung des in ihm wohnenden Christus erlebt. Die Früchte dieser Erneuerung sind die Tugenden Christi selbst.

Dagegen ist freilich sicher, daß sich Paulus sehr weit von den Uraposteln entfernt. Die Apostel schreiben ihr neues, christlich-religiöses Leben nicht dem Pneuma grundsätzlich zu, der Einwohnung Christi gar nicht. Weshalb? Vielleicht weil sie es nicht gleich itensiv erlebten wie Paulus? Zudem: Verdankten sie nicht, was sie waren, dem lebenden Jesus? Ich glaube übrigens, daß die Urapostel sich überhaupt nicht allzuviel mit der ethischen Erneuerung ihrer Gemeinden befaßten. Wenn wir der Apostelgeschichte auch nur einigermaßen glauben dürfen, was nach meiner Meinung wohl der Fall ist, so erhalten wir den Eindruck, daß die Jünger hauptsächlich eine rasche Ausbreitung des Evangeliums erstrebten. Sie waren bei diesem Thun natürlich nicht weniger wichtige Werkzeuge Gottes als Paulus. Denn hätte sich das Christentum nicht rasch und enthusiastisch ausgebreitet, so wäre es verloren gewesen. Gott aber muß mit Menschen menschlich handeln. Indem die Jünger nun, wie es scheint, hauptsächlich auf enthusiastisch gewirkte Anerkennung des Gekreuzigten als Auferstandenen und Messias drangen, überholten sie den Paulus an äußeren Erfolgen. Wer vor Allem „Glauben", Ekstase, Taufenlassen, Zungenreden etc. zur Seligkeit verlangt, wird in der Regel mehr gläubige und willige Proselyten finden als der, welcher ernste, strenge Sittlichkeit als Bedingung fordert.

Jedenfalls ist es göttliche Offenbarung gewesen, wenn Paulus die ethische Erneuerung als einzige Heilsbedingung erlebte; Paulus ist gewürdigt worden, hierin ein wahrer, wenn auch vermutlich unbewußter Jünger des Herrn zu werden, welcher gleichfalls urteilte (Matth. 7, 15—27), daß nicht das (glossolalische?) Herr-Herr sagen, nicht die Prophetie, nicht das Dämonenaustreiben, nicht Wunderthaten, sondern das Thun des Willens Gottes das Eingehn ins Himmelreich uns bereitet. Hat vielleicht Paulus diese oder ähnliche Aeußerungen Jesu gekannt und aus ihnen seine Erfahrungen erleben gelernt? Ich glaube es nicht. Was Paulus über den Heilswert der Ekstase und der Sittlichkeit sagt, macht ganz den Eindruck, daß Paulus zwar innerlich seiner Sache vollkommen sicher ist, daß er aber nach richtigem Ausdruck des Selbsterlebten und nach dialektischem Beweismaterial sucht. Hätte er klare Aussprüche des Herrn zur Verfügung gehabt, so würde er wohl kaum darauf verzichtet haben, sie ins Feld zu führen. Wir dürfen annehmen, daß Gott diesem Mann die ganze Seligkeit eines wirklichen Gotteskindes unmittelbar erleben und das Erlebnis der Welt verkündigen ließ. Insofern ist Paulus inspirierter Apostel und Träger der göttlichen Offenbarung.

III. Teil.

Die religiösen Folgen der Einwohnung des Pneumachristus.

5. Kapitel.

Die δικαιοσύνη.

Durch die Einwohnung Christi wurden wir ethisch erneuert, wurden wir eine ethische Neuschöpfung. Wir erfüllen die Gebote Gottes. Natürlich treten wir damit auch in ein neues Verhältnis zu ihm. Zunächst wird sich sein Urteil, dann aber natürlich auch sein Verhalten gegen uns ändern. Hat er uns vorher, weil wir es waren, als S ü n d e r taxiert und behandelt, so beurteilt und behandelt er uns jetzt als δίκαιοι, weil wir jetzt rechtbeschaffen vor ihm sind, d. h. so sind, wie er uns haben will. Wir sind in dem Zustand der δικαιοσύνη, der Rechtbeschaffenheit vor Gott, d. h. wir sind so, daß er uns als Rechtbeschaffene erklärt, δικαιωθέντες.[1] Um dieses U r t e i l Gottes handelt es sich einstweilen allein. Die B e h a n d l u n g , die Gott den Rechtbeschaffenen wird angedeihen lassen, vollzieht sich nicht mehr in diesem Aeon, sondern nach dem Tode, resp. der Wiederkunft Christi; sie enthält die e s c h a t o l o g i s c h e n Folgen der Einwohnung des Pneuma-Christus. Diese liegen aber jenseits unserer Aufgabe.

Δικαιοσύνη bedeutet also bei Paulus wie bei Jesus wie in der Septuaginta eine ethische Beschaffenheit des Menschen, und zwar diejenige, welche Gott allein, aber auch vollständig gefällt. Mithin wird in diesem Begriff die betr. ethische Beschaffenheit des Menschen nicht nach ihren Merkmalen oder Bestandteilen, überhaupt nicht nach ihrem eigentümlichen Wesen beschrieben, sondern nach dem Eindruck, den sie bei Gott macht. (παρὰ τ. θ. Röm. 2, 13; Gal. 3, 11; ἐνώπιον τ. θ. Röm. 3, 20.) Wir können kurz sagen: das Wort δικαιοσύνη bezeichnet die ethische Erneuerung nach ihrem religiösen Wert, nach dem Wert, den sie vor Gott hat.

Allerdings könnte man fragen, ob denn die Beschaffenheit des Menschen als δίκαιος wirklich aus der Einwohnung des Pneumachristus herfließt? Sie könnte

---

[1] Darüber, daß δικαιόω die Bedeutung von „gerechterklären" hat, brauche ich kein Wort mehr zu verlieren. Das ist mehr als gewiß. Pfleiderer S. 178 f.

ja auch auf anderm Wege geschehen! Wir werden uns mit dem scheinbar anderen Weg, der πίστις, noch zu befassen haben.

Einstweilen aber besitzen wir klare Aussprüche, welche unsere Meinung bestätigen. Ἐν αὐτῷ haben wir δικαιοσύνη (Phil. 3, 9 f cf. 1. Kor. 1, 30), sind wir δικαιοσύνη (2. Kor. 5, 21). Das Leben das doch nur wegen der δικαιοσύνη erteilt wird, haben wir ἐν Χριστῷ Ἰησοῦ (Röm. 6, 23; 8, 2); also auch die δικαιοσύνη selbst. Wir sind ἅγιοι (Phil. 4, 21) oder ἡγιασμένοι ἐν Χριστῷ Ἰησοῦ. (1. Kor. 1, 2) oder ἐν αὐτ. ἁγ. (Rom. 15, 16). Ja, die Einwohnung des Pneumachristus hängt mit der δικαιοσύνη so eng zusammen, daß Beides vertretungsweise für einander genannt wird. Z. B. die wichtige Frage, ob etwa durch Gesetz die δικαιοσύνη erworben werden kann, drückt Paulus anschaulicher auch so aus: Ob die Galater etwa aus Werken des Gesetzes das **Pneuma empfingen?** (Gal. 3, 2, 5; 2, 20.) Die διακονία τῆς δικαιοσύνης ist gleich der διακονία τοῦ πνεύματος (2. Kor. 3, 9, 8.) Unter den γεννήματα τῆς δικαιοσύνης (2. Kor. 9, 10, cf. 11) oder καρπὸς τῆς δικαιοσύνης (Phil. 1, 11) kann Paulus nichts anderes verstanden haben als den καρπὸς τοῦ πνεύματος (Gal. 5, 22.[1] Die, welche dienen ἐν καινότητι πνεύματος (Röm. 7, 6), dienen der δικαιοσύνη (6, 18). Ueberhaupt, wie wollen wir den Ausdruck „Dienen unter der δικαιοσύνη" (Röm 6, 16, 18, 19, 20 u. a.) erklären, wenn wir nicht die δικαιοσύνη als ethischen Zustand begreifen, welcher der ἁμαρτία entgegengesetzt wird, so daß der Dienst unter der Rechtbeschaffenheit das Gegenstück bildet zum Dienst unter der Sündigkeit? Die Rechtbeschaffenheit ist das gerade Gegenteil von ὑφ' ἁμαρτίαν εἶναι in einem Zusammenhang, wo Letzteres nur einen ethischen Zustand bedeuten kann (Röm. 3, 9, 10, 21 f.); die δικαιοσύνη ist ferner das Gegenteil von ἁμαρτία, ἀκαθαρσία, ἀνομία (Rom. 6, 16 f; 2. Kor. 5, 21; 6, 14), also von lauter sittlichen Zuständen. Als Sklaven der δικαιοσύνη sind wir Sklaven Gottes (Röm. 6, 22); d. h. wir thun jetzt seinen Willen wie wir ihn vorher nicht thaten, da wir dem Zwang der Sündigkeit folgten. Da wir aber Gottes Willen nur infolge der Einwohnung des Pneumachristus erfüllen können, so hat auch die δικαιοσύνη ihren Grund in dem Pneumaempfang. Sie ist der neue ethische Zustand des Pneumatikers.

Wir sollten dieses auch gar nicht anders erwarten. Wie tasten doch die Erklärer des Paulus im Finstern, wenn sie die δικαιοσύνη als etwas anderes

---

[1] Dahin gehört auch die Benennung der Dämonen als verkappte Diener der δικαιοσύνη. Hier darf δικαιοσύνη nicht im Sinn von ethischer Erneuerung verstanden sein, denn diese haben die Satansdiener gewiß nicht hervorgebracht, sondern nur ein gewisses Pneuma (d. h. Ekstase). (B. 4). Sie haben sich also in Diener des göttlichen Pneuma verwandelt, so daß hier δικαιοσύνη geradezu als Pneumaempfang gedeutet werden muß, und zwar vorwiegend nach der elstatischen Seite hin.

faffen benn als Zuſtand. Sie begreifen nicht, daß Paulus als Jude direkt und
ſofort auf jedes Thun die Reaktion Gottes erwartet, ja als tief religiöſer Menſch
ſofort fühlt. Der ſittliche Zuſtand, der zum Teil Motiv, z. T. Folge von
Einzelthaten iſt, empfängt unaufhörlich ſein Urteil von Oben. Ein feines Gewiſſen
ſpricht dies Urteil bei allen Thaten mit. So ſagt denn Paulus klar und deutlich: Das Urteil Gottes entſpricht der Wahrheit gegenüber den Thätern
(Röm. 2, 2—10), d. h. es richtet ſich nur nach den Thaten des Menſchen. Daher
werden die Thäter des (ſittlichen) Geſetzes für rechtbeſchaffen erklärt werden
(Röm. 2, 13). Was dem Menſchen in Gottes Augen allein Wert giebt, iſt ſeine
ſittliche Qualität als ἐν Χριστῷ geſchaffene καινὴ κτίσις (Gal. 6, 15), ſeine πίστις,
die durch Liebe thätig iſt (Gal. 5, 6), das Halten der Gebote Gottes (1. Kor.
7, 19; cf. 6, 9 f.) Kein Gedanke iſt in den pauliniſchen Schriften ſo klar und
deutlich ausgedrückt als der, daß wir Menſchen vonſeiten Gottes lediglich nach
unſern Thaten beurteilt werden. Dieſe Ausſagen nehmen einen ganz hervorragende Stellung ein (Röm. 3, 4 f.; Gal. 6, 7—10; 5, 21; 1. Kor. 3, 13 f.;
2. Kor. 5, 10; 9, 6; 9, 9). Wenn aber Gott geben wird einem Jeglichen nach
ſeinen Werken, wenn ein Jeder davontragen wird das durch den Leib Vollbrachte,
entſprechend dem, das er gethan hat, es ſei Gutes oder Böſes, dann geht es nicht
anders, als daß wir in der δικαιοσύνη als Heilsbedingung gleichfalls einen Zuſtand ſehen; das Prädikat als δίκαιος kann der Menſch nur ſeinem ſittlichen
Verhalten verdanken, in welchem dieſer Zuſtand ſich äußert, alſo beſteht.

Doch hier muß ich mich ſelbſt unterbrechen. Zu laut höre ich den Einwand:
Aber wie verhält es ſich mit der δικαιοσύνη πίστεως? Ehe dieſer Einwand entfernt iſt, kann die Erörterung nicht weiter ſchreiten.

6. Kapitel.

Die Heilspiſtis pneumatiſch gewirkt.

Es iſt kein Zweifel: Paulus ſchreibt die δικαιοσύνη nicht nur unſerm ſittlichen Zuſtand, ſondern auch der πίστις als Folge zu. Wir werden für rechtbeſchaffen erklärt ἐκ πίστεως (Gal. 2, 16; 3, 8, 24; Röm. 1, 17; 5, 1 u. A.
oder διὰ π. (Gal. 2, 16; Röm. 3, 22, 25 u. A.) oder πίστει (Röm. 3, 28;
Röm. 3, 30).

Wie ſtellen wir uns zu dieſer Thatſache? Ein Paulus kann nicht zweierlei
Heilswege lehren. Wer ſeine religiöſen Erlebniſſe in ſo grandioſer Weiſe auf
Andere überträgt; wer um ſeines Apoſtolats willen erduldet und wirkt was
Paulus; wer Jeden verflucht, der anders lehrt als er ſelbſt, der kann nicht

zwiespältig sein in religiöser Erfahrung, in apostolischer Verkündigung. Er muß seiner Sache ganz sicher sein, er kann nur Eines als das Wahre erlebt haben.

Und so verhält es sich auch. Denn ich werde beweisen, daß Pistis nur eine andere Bezeichnung ist für Pneumaempfang und dessen ethische Folgen, die Erneuerung.

Zunächst bedeutet ja Pistis die Anerkennung Jesu als Auferstandenen und Messias. „Wenn du bekennest mit deinem Munde als Herrn (den) Jesus, und glaubest in deinem Herzen, daß Gott ihn auferweckte aus Toten, so wirst du gerettet werden (Röm. 10, 9). In Gal. 2, 20 richtet sich der Glaube auf den Tod Christi (cf. 1. Kor. 1, 18, 23; 2, 2; Gal. 3, 1); in Röm. 10, 6—8 auf Herabkunft vom Himmel und Auferstehung (cf. 1. Cor. 15, 12 f.); gewöhnlich aber wird der Glaube an den ganzen Christus als ein Einheitliches genannt (Röm. 3, 22, 26; Gal. 2, 16; 3, 22. Phil. 2, 11; Röm. 10, 14), und zwar hauptsächlich in der Bedeutung von A n e r k e n n u n g des Herrn als Messias.

Nun aber wird nicht geleugnet werden können, daß diese Anerkennung Christi nur auf dem Wege der Pneumaeinwohnung geschieht. Nämlich einesteils kann der Mensch gar nichts dazu thun. Stärkere Ausdrücke für unsre vollendete Ohnmacht und die Absolutheit Gottes kann es nicht geben als wir sie Röm. 9—11 finden. Paulus steht ganz in der streng-theistischen Anschauung, daß Gott auch das Gebiet des Geistes, auch die Herzen der Menschen lenkt wie Wasserbäche. An zahlreichen Stellen nennt Paulus die Christen κλητοί, Berufene, wie er selbst ein berufener Apostel ist. Die Christen wurden von Gott vorher erkannt, ausgesondert, berufen (Röm. 8, 28—30) — oder auch verworfen. Wir verhalten uns in unserm Christenleben nur passivisch, entweder als σωζόμενοι oder ἀπολλύμενοι (1. Kor. 1, 18; 2. Cor. 2, 15). Es ist nicht nötig, diesen Punkt noch durch weitere Stellen zu illustrieren. Röm. 9—11 allein müßte vollständig genügen.

Daraus folgt, daß auch die Anerkennung Christi als Messias, die Pistis, durch Gott direkt gewirkt ist. Die Berufenen, die σωζόμενοι, bilden die Menge der πιστεύοντες (1. Kor. 1, 18—24), die erwählten Juden das λεῖμμα κατ' ἐκλογὴν χάριτος (Röm. 11, 5). Wenn wir die δόξα τοῦ θεοῦ ἐν προσώπῳ Χριστοῦ erkennen, d. h. wenn wir ihn als auferstandenen Messias, überhaupt in seinem Wesen anerkennen, so ist das eine Machtthat Gottes, ähnlich der, welche aus Finsternis Licht leuchten läßt (2. Kor. 4, 5—6). Was wir haben, das empfingen wir (1. Kor. 4, 7; Röm. 5, 17).

Allein nun muß weiter gefragt werden: Wie hängt die πίστις, die Anerkennung Jesu, mit dem Pneumaempfang zusammen? Wird sie durch ihn bewirkt?

Es ist das die Meinung des Apostels. Wer Jesum κύριος nennt, bei dem muß der Besitz des Pneuma vorausgesetzt werden (1. Kor. 12, 3). Aber könnte der Mensch nicht auch kraft seines Geistesvermögens zur Anerkennung

Christi gelangen? Nein. Dazu ist ein übermenschliches Geistesleben nötig, eben das, welches der einwohnende Pneumachristus wirkt. Denn die Anerkennung Christi ist nach Form und Inhalt über die menschliche Geisteskraft hinausgehend. Nach Inhalt: Das Wort vom Kreuz, den Juden ein Aergernis, den Griechen eine Thorheit (1. Kor. 1, 24 f.) wurde auch uns nur dadurch zum Glaubensinhalt, daß es Gott uns enthüllte durch das Pneuma. Denn das Pneuma erforscht Alles, auch die Tiefen der Gottheit. Göttliche Dinge hat Niemand erkannt außer dem Pneuma Gottes. Den Inhalt des Glaubens nimmt daher der unerneuerte, psychische, noch nicht vom Pneuma bewohnte Mensch nicht auf. Es ist ihm eine Thorheit. Nur auf pneumatische Weise wird es erkannt (1. Kor. 2, 10—15). Denn der Mensch kennt nur menschliche Dinge (V. 11). Menschenweisheit ist dämonischer Natur, eine Weisheit der Dämonenobersten dieses Zeitalters (1. Kor. 2, 6). Daher wird die Wahrheit des Evangeliums durch den Unglauben der Menschen nicht geschwächt, sondern erst erwiesen (Gal. 1, 10). Würde das Evangelium den Menschen gefallen, so könnte es nicht göttlich sein. Gott aber will durch die Thatsache, daß er allein den Glauben wirkt, jeden Selbstruhm niederschlagen, die Menschenweisheit aufs Tiefste beschämen (1. Kor. 1, 19 — 2, 16).

So ist also unsre πίστις dem Inhalt nach pneumatisch gewirkt. Dem pneumatischen Inhalt entspricht aber auch die pneumatische Form (1. Kor. 2, 13). Gott offenbart seine Absolutheit auch in der Art, wie er den Glauben erwirken und sich offenbaren läßt. Erwirkt wird er durch Vermittelung der Apostel. Und nun rühmt sich Paulus wiederholt, daß seine Verkündigung nicht geschehe mit den gewöhnlichen Mitteln, nämlich durch Ueberredung, erlaubte oder unerlaubte, sondern durch Aufweisung des Pneuma und der Kraft (1. Kor. 2, 4—5; 2. Kor. 6, 7; 12, 11—12; Röm. 15, 18—19). Die Verkündigung geschah in der Ekstase, erhielt durch die Ekstase den Beweis der Wahrheit des Verkündigten. Und die Ekstase war auch das Erste, das sich den Zuhörern wieder mitteilte. Wir haben uns die Sache im Allgemeinen wohl so zu denken: die Zuhörer, die natürlich als antike Menschen von der Ekstase des Apostels oder anderer Ekstatiker den Eindruck eines göttlich gewirkten Schauspiels hatten, wurden von der Begeisterung — war es nicht das Zungenreden, so war es die Prophetie — zuletzt selbst gepackt und fortgerissen, bis sie zu Boden niederfielen, Gott anbeteten und laut bekannten, daß wahrhaftig Gott in den Ekstatikern ist (1. Kor. 14, 24—25).[1]

---

[1] Ich zweifle, daß jemals wird herausgebracht werden, was eigentlich Paulus an dieser Stelle mit der Prophetie meint. Was nun aber den Sinn der Worte angeht: Soll nicht eine ekstatische Erregung vorhanden sein, wenn alle anwesenden Christen, also in gleichmäßiger Weise, prophezeien, prüfen, die Geheimnisse des Herzens eines ἰδιώτης oder ἄπιστος offenbaren? Auch die Prophetie muß in glossolalischer Weise sich geäußert

War aber Gott in ihnen, so mußte auch ihre Verkündigung als Wahrheit anerkannt werden. Mithin wirkt die Ekstase wiederum Ekstase, und in dieser die Pistis, natürlich nur bei den von Gott Berufenen. Bei ihnen aber wird das ekstatisch verkündigte Wort vom Kreuz gleichfalls Ekstase, Gotteskraft und Gottesweisheit (1. Kor. 1, 18; Röm. 1, 16). Es wird die Ekstase zur Pistis, denn es ist wohl anzunehmen, daß die ersten Manifestationen des Glaubens häufig in der Ekstase geschahen, daß bei Manchem in der Ekstase der erste Ausruf wie „Herr ist Jesus"(1. Kor. 12, 3) gethan wurde.

Auch die Seltsamkeit dieser F o r m der Verkündigung wie des Gläubigwerdens hat ihren Grund in Gottes Willen. Sie soll nämlich beweisen, daß der Verkündiger nichts ist, daß aber Gott Alles in ihm wirkt, natürlich durch den innewohnenden Pneuma-Christus rsp. seine Engel. Ja Gott liebt es zuweilen, als Ekstatiker recht schwächliche Menschen zu wählen, wie gerade den Apostel Paulus, damit Jedermann sieht, nicht der schwache Mensch, sondern der starke Gott wirke im Menschen. In Schwachheit findet die Gotteskraft ihre Verwirklichung (2. Kor. 12, 9). Daher rühmt sich Paulus sogar seiner Schwäche, damit erkannt werde, auf ihm lagere die Kraft des Pneumachristus, das Uebermaß der Kraft stamme aus Gott und nicht aus Menschen (2. Kor. 4, 7). Die Verkündigung geschieht durch Reden des innewohnenden Pneumachristus selbst (Röm. 10, 17). Paulus will nicht wagen, etwas auszusagen, das nicht Christus durch ihn gewirkt hat durch Wort und That, durch Kraft von Zeichen und Wundern, in Kraft des heiligen Geistes (Röm. 15, 18, 19). Die Berufung des Paulus auf s e i n Evangelium in erregten Diskussionen (Röm. 2, 16; 16, 25 f.) klänge matt, wenn wir nicht wüßten, daß diese Berufung einen Hinweis auf die Uebernatürlichkeit der ihm gewordenen Offenbarungen bedeutete.

Aus diesem Grunde aber sollte auch Jedermann deren Wahrheit anerkennen. Gegenüber einer offenbaren Manifestation Gottes giebt es nichts als rückhaltlose Unterwerfung. Der Glaube ist daher ein Akt des Gehorsams (Röm. 1, 5; 6, 17; 15, 18, 26; 2. Kor. 9, 13; 10, 5—6). Unglaube ist Ungehorsam (Röm. 10, 16). Paulus nennt seine apostolische Thätigkeit einen Feldzug, welcher erobern, gefangennehmen, in Gehorsam halten, Ungehorsam strafen will (2. Kor. 10, 4—6). Ungehorsam gegenüber der Kraftwirkung Gottes ist etwas so unnatürliches, daß Paulus ihn zuweilen nur erklären kann als Wirkung

---

haben, wenn eine διάκρισις (1. Kor. 14, 29) nötig war. Sie lief doch nach V. 30 auf ekstatisch-visionäre ἀποκάλυψις hinaus. Sie wird gewirkt durch πνεύματα προφητῶν (V. 32). Prophet und Pneumatiker ist dasselbe (V. 37). Wir haben uns also die Prophetie gleichfalls als Ekstase zu denken, wenn sie auch nicht so wild und ungeordnet auftrat als das Zungenreden.

des Satans (2. Kor. 4, 4); ebenso den Abfall vom wahren Evangelium (2. Kor. 11, 3, 13—15). Solchen Verstockten kann freilich auch die pneumatische Heilspredigt nicht mehr zur Belehrung dienen. Den Ungläubigen sind die „Zungen" nur noch ein göttlich gewirktes Zeichen ihrer Verwerfung (1. Kor. 14, 22). Wer nicht erkennt, der ist nicht erkannt¹ (1. Kor. 14, 38; cf. 1. Kor. 13, 12; 2. Kor. 2, 14; 4, 6). Es widerspräche daher stracks dem paulinischen Bewußtsein, wollte man z. B. in 1. Kor. 1, 21 und andern Orten, das πιστεύειν als menschlich gewirkte Bedingung des Heils statuieren. Die πιστεύοντες sind gläubig, weil sie Gott berufen hat. Sie retten sich nicht selbst, sondern werden gerettet (σωζόμενοι V. 18). Es sind diejenigen, welchen durch Berufung Gottes die Ekstase des Verkündigers gleichfalls zur Ekstase wird, d. h. zur Gotteskraft. Ein πιστεύων ist „ein zum Glauben Berufener", d. h. ein Pneumatiker.

Wir ziehen die Summe: Sowohl der Inhalt wie die Form der Glaubensverkündigung, sowohl Inhalt wie Form der Glaubensannahme, also κήρυγμα wie πίστις, sind pneumatisch gewirkt. Daher kann auch nur ein durch Christus (in ekstatischer Vision) Berufener, also ein Ekstatiker, das Apostelamt verwalten (Röm. 10, 14—15) und Andere zur πίστις bringen. Die ekstatische ἀκοή πίστεως (Gal. 3, 2, 5), d. h. die Glaubenspredigt (cf. über ἀκοή Röm. 10, 16), ist nötig, damit auch Andere das Pneuma empfangen.

Es läßt sich nicht bestreiten, daß Paulus die πίστις als pneumatisch gewirkt denkt und kennt. Er sagt es geradezu: ἐν Χριστῷ geschieht die πίστις (Gal. 3, 26 cf. 5, 6; 1. Kor. 1, 30). Das Hinwenden zum Herrn geschieht durch den Pneumachristus (2. Kor. 3, 16, 17). „Christus lebet in mir" ist genau ebensoviel wie „ich lebe im Glauben" (Gal. 2, 20), ἐκ πίστεως soviel wie πνεύματι (Gal. 5, 5). Damit aber sind wir unvermerkt schon in die Arbeit des nächsten Kapitels eingetreten.

---

7. Kapitel.

Die δικαιοσύνη πίστεως.

Jedenfalls — das haben wir gesehen, muß beim Vorhandensein von πίστις der Pneumaempfang vorausgesetzt werden. Die πίστις ist nichts als ein Teil der Wirkungen des Einwohnens Christi. Es liegt nun der Sprachgebrauch nahe, mit dem Teil das Ganze zu bezeichnen, also mit der πίστις den Gesamtumfang des

---

¹ 1. Kor. 14, 38 lese ich ἀγνοείτω, nicht ἀγνοεῖται, welches den Kern des Zusammenhanges nicht treffen würde.

Pneumaempfangs und seiner Wirkungen. Die Figur pars pro toto ist ja auch sonst nicht selten.

Paulus wendet sie an. Pistis ist das ganze neue Christenleben, d. h. der Pneumaempfang (Gal. 1, 23; 6, 10; Phil. 2, 17; 1. Kor. 2, 4—5; 15, 14, 17. cf. 2. Kor. 13, 5; 1, 24). Πιστεύειν heißt kurzweg: ein Christ sein (1. Kor 15, 2; Röm. 15, 13; 1. Kor. 3, 5). Der Christ, also Pneumatiker, wird einfach πιστός genannt oder πιστεύων (1. Kor. 7, 25; 14, 22 f.; 2. Kor. 6, 15), der Nichtchrist ἄπιστος (1. Kor. 10, 27; 14, 22—24; 7, 12—15; 2. Kor. 6, 14—15 u. a.) Ein Stehen im Glauben (1. Kor. 16, 13), ein Stehen im Pneuma (Phil. 1, 27) und ἐν κυρίῳ (4, 1) sind identische Dinge.

Obgleich nun aber πίστις das Ganze bezeichnen darf, so darf es doch wieder einzelne Teile des Ganzen betonen. So kann z. B. unter πίστις die Ekstase verstanden sein, und zwar die Ekstase in allen ihren Aeußerungen, z. B. als Wunderpistis, d. h. geradezu als Wunderkraft (1. Kor. 13, 2). Ἐν τῷ πιστεύειν heißt ebensoviel als ἐν δυνάμει πν. ἁγ. (Röm. 15, 13). Wenn Paulus 2. Kor. 13, 5 [1] die Korinther auffordert, alles Ernstes zu versuchen, ob sie selbst in der πίστις seien, so verlangt er nichts anderes als daß sie das Strafwunder probieren, das er ihnen (1. Kor. 5) auferlegte, das sie aber in hämischer Weise dem Apostel selbst nicht zutrauen. Ich vermute, daß man bei dieser Bedeutung der πίστις als

---

[1] Dies ist der Sinn dieser Stelle. Die πίστις, welche sie bewähren sollen, ist identisch mit der Einwohnung Christi (V. 5) und seiner Wunderkraft, wie der Zweifel, ob Christus in dem Apostel rede (V. 3), ein Zweifel an seiner Wundermacht ist (1. Kor. 5, 4). Paulus will zwar gegen die Gemeinde das nächstemal keine Schonung mehr walten lassen, sondern das Strafwunder vollziehn (V. 2). Aber er hofft, daß sie seine pneumatische Wunderkraft doch noch anerkennen werden (V. 6); er bittet Gott, ihnen nicht das Uebel eines Strafwunders zufügen zu müssen (V. 7; cf. 10, 2 θαῤῥῆσαι kühn sein müssen; V. 10 χρήσασθαι gebrauchen müssen). Ein solches Strafwunder, obwohl es ihn als Pneumatiker bewähren würde, liegt nicht in seiner Absicht, sondern er will, daß sie das Gute (das Strafwunder am Ehebrecher) thun, selbst wenn dann er, der Apostel, auch fernerhin als unbewährt erscheine (V. 7), da er ja keine Gelegenheit zur Bewährung seines Pneuma's erhielte. Es ist ihm aber nur um ihre Wiederherstellung zu thun (V. 9), nicht um Zerstörung (V. 10). Er hofft, wenn ihre Wunderpistis wieder im Wachsen begriffen sei, zu ihnen kommen zu können (2. Kor. 10, 13, 15) und dann Gehorsam zu finden. — Seit dem Vierkapitelbrief hat sich nun freilich in 2. Kor. 1 u. 2 die Sachlage geändert. Die Korinther gaben ihm eine Genugthuung, der Blutschänder that Buße, 2c. Und nun gesteht Paulus, er sei deshalb nicht früher zu ihnen gekommen, weil er sie schonen wollte; sie sollten selbst die Strafe am Sünder vollziehen. Und das mutete er ihnen nicht deshalb zu, weil er über ihre Wunderkraft Herrschaft auszuüben verlangte, indem er sie zum Strafwunder zwang (κυριεύειν), sondern deshalb, weil er selbst nicht gern strafte, wenn er wieder in die Gemeinde kommen würde, sondern lieber Mitarbeiter an ihrer Freude als an ihrer Betrübnis sein wollte (2. Kor. 2, 23, 24).

Wunderpistis eigentlich von dem Wortsinn „Glauben" ziemlich absehen muß. Πίστις heißt hier Wunderkraft, und es heißt so nicht wegen des Wortsinnes von πιστεύειν, sondern weil zufällig πίστις den ganzen Pneumaempfang, also auch einen hervorragenden Teil desselben, die Wunderkraft, bedeuten kann.[1]

Es kann aber auch noch einen andern Teil des Pneumaempfangs, speziell der Ekstase, benennen, z. B. die Gnosis (Röm. 14; 12, 3); auch hier wieder nicht deshalb, weil πίστις dasselbe wäre wie Gnosis, sondern weil die Gnosis, als Teil der ganzen Ekstase, mit dem Ganzen mitgenannt werden kann. Πιστὸν εἶναι (1. Kor. 7, 25) ist nur ein anderer Ausdruck für „die (pneumatische) Gnosis haben" (B. 40).

Ferner dient πίστις auch zur Bezeichnung der Prophetie. Röm. 12, 6 soll nämlich die Prophetie geschehen nach Maßgabe der πίστις. Hier kann unter πίστις nichts anderes verstanden werden als die Fähigkeit apokalyptischer Visionen. Da diese wahrscheinlich meist auf die Zukunft, besonders die Wiederkunft Christi gingen, so wird πίστις auch im Sinne von ἐλπίς gebraucht (Röm. 1, 8, 12)[2]; 2. Kor. 5, 7; cf. Röm. 8, 24—25; 15, 13; 1. Kor. 16, 13; 2. Kor. 4, 13—14; 2. Kor. 8, 7; Phil. 1, 25, 27).[3] Die Fähigkeit solcher Visionen aber wird natürlich nur ἐν Χριστῷ gegeben; wenn also πίστις die ganze Einwohnung Christi bedeuten kann, so darf es auch diese ihre Folge mit einschließen.

Und nun sagen wir weiter: Wenn πίστις, als Bezeichnung des Pneumaempfangs überhaupt, einzelne ekstatische Wirkungen desselben, wie Wunder, Gnosis, Prophetie bezeichnen darf, weshalb sollte es nicht auch die ethischen Wirkungen der Einwohnung des Pneuma bedeuten können? Pistis meint zunächst ja den gesamten Pneumaempfang, weil sie denselben voraussetzt. Der Pneumaempfang aber bringt uns vermöge der ethischen Erneuerung den Character der δικαιοσύνη. Also, wenn Pistis den ganzen Pneumaempfang meint, so meint es auch den ethischen Teil desselben, die Erneuerung, so gut wie den ekstatischen. Und nun wird es freilich möglich, der πίστις die δικαιοσύνη zuzuschreiben.

---

[1] Man denkt ja unwillkürlich zunächst an Matth. 17, 20, wozu noch 1 Kor. 13, 2 mithilft. Dann wäre „Glaube" soviel wie Vertrauen auf die eigene, von Christus verliehene Wunderkraft. Allein bei Paulus ist es nicht mehr das Vertrauen auf die Kraft, sondern die Kraft selbst. Und da πίστις ebenso die Gnosis, Prophetie, kurz die ganze Ekstase bedeuten kann, indem also der eigentliche Wortsinn vollkommen vergessen werden muß, so möchte ich es auch hier schon thun. Ich halte eher, Matth. 17, 20 sei aus 1. Kor. 13, 2 entstanden als umgekehrt, denn diese Matthäuspistis will zu dem andern Gebrauch des Wortes im Evangelium nicht recht stimmen.

[2] πίστις B. 8 eine Tugend der Adressaten.

[3] „Mitkämpfer des Evangeliums in dem Glauben", wie Röm. 1, 12. Ueber den Genitiv τ. εὐαγγ. (B. 27) cf. 2, 25: συνστρατιώτης μου.

Wir müssen uns also daran gewöhnen, unter der paulinischen **Heilspistis** das gesamte neue, also auch das neue **sittliche Leben** zu verstehen, welches durch Einwohnung des Pneumachristus in uns gewirkt wurde. Ungewöhnlich erscheint es allerdings auf den ersten Blick, daß mit πίστις, einem Teile, zunächst das Ganze, der Pneumaempfang, gemeint wird. Aber das kommt genau an diesem Punkte auch in andrer Weise bei Paulus vor. Paulus benennt nämlich gelegentlich den ganzen Pneumabesitz auch nach einer anderen, der gnostischen Seite; er nennt ihn geradezu Gnosis. An der erhabenen Stelle, wo Paulus im Vollgefühl seiner apostolischen Kraft die Thätigkeit als Apostel mit einem siegreichen Feldzug vergleicht, würde es doch auffallend dünn klingen., (2. Kor. 10 4—6) wenn wir hören, die feindliche Festung habe sich erhoben gegen die **Gnosis Gottes** (V. 5). Wir müssen eben hinter dieser Gnosis Gottes das gesamte neue religiöse Leben sehen, worunter auch der Gehorsam gegen die apostolische Disziplin gehört, welcher speziell gemeint ist. Das gleiche liegt vor Augen 2. Kor. 2, 14. Hier muß das ganze pneumatische Leben gemeint sein, wenn Paulus sich rühmt, daß Gott ἐν τῷ Χριστῷ ihn überall zum Sieg führe und durch ihn den Geruch der **Erkenntnis Gottes** offenbar mache an jedem Ort. An den ganzen Pneumaempfang werden wir denken, wenn sich Paulus als Gott wohlgefälliges Rauchopfer Christi weiß, Gott dargebracht; ein Opfer, von welchem das Gleiche gilt wie von der Glossolalie (1. Kor. 14, 22), daß es eine Art von Zeichen ist für die, welche gerettet werden und die, welche verloren gehn. Ebenso 2. Kor. 4, 6: Gott leuchtete in unsern Herzen zum Zweck, daß erleuchtet werde die **Erkenntnis** der Glorie Gottes auf dem Angesichte Christi, d. h. damit wir das Vorhandensein der Glorie Gottes auf dem Angesichte Christi anerkennen und dami zugeben, er sei εἰκὼν Gottes. Zunächst meint Paulus allerdings nur eine pneumatische **Erkenntnis**. Aber diese wird im Folgenden sofort wieder in den gesamten Pneumaempfang erweitert; der θησαυρὸς οὗτος, die Gnosis Christi wird ohne weiteres zur Gotteskraft, in V. 10 zur ζωὴ Ἰησοῦ, d. h. zum Inbegriff aller Wirkungen des Auferstandenen in uns. Ebenso erklärt Paulus Phil. 3, 8—10 die Gnosis Jesu Christi, also die Thatsache, daß wir ihn anerkennen als den, der er ist, sachlich mit „damit ich Christum gewinne und erfunden werde als in ihm seiend." Es kann allerdings kein Zufall sein, daß in allen diesen Aussprüchen Paulus das neue Christenleben gerade Gnosis nennt. Er will seinen gnostischen Charakter gegenüber der falschen Gnosis der Korinther und etlicher Philipper (hier in Bezug auf die Vorzüge des Judentums) erweisen.

Und nicht nur die **Gnosis** verwendet Paulus dieserart als Bezeichnung des ganzen Pneumaempfangs. Röm. 9, 9—10, 13 nennt er das Bekenntnis des Herrn Jesu, das Bekenntnis mit dem Munde als Bedingung der Rettung. Wie kann er das? Nur dadurch, daß er glossolalische Aeußerungen im Auge hat, welche den Pneumaempfang voraussetzen, also an den Pneumaempfang selbst denken lassen. Wer Jesum mit dem Munde glossolalisch bekennt, der hat sicherlich das Pneuma, der wird gerettet werden (cf. 1. Kor. 12, 3)

Alles dies bestätigt und erklärt unsre These, daß die δικαιοσύνη nur deshalb aus der Pistis kommt, weil mit Pistis der Pneumaempfang gemeint ist wie an den angeführten Stellen mit Gnosis und mit ὁμολογία. Nicht daß die Anerkennung Christi, also die Pistis an seinen Tod und Auferstehung, a u s i ch das Heil wirke. Das ist so wenig der Fall als daß etwa ein Bekenntnis mit dem Munde an und für sich die δικαιοσύνη und die Rettung hervorbringt. Aber Glaube wie Bekenntnis setzen als selbstverständlich den Pneumaempfang voraus, so daß ein Gläubiger oder Bekennender auch ein Pneumatiker ist. Ein Pneumatiker aber, als ethisch Erneuerter, wird gerettet werden, als Rechtbeschaffener. Wir dürfen uns also durchaus nicht irre machen lassen, wenn unvermittelt neben einander die Rechtbeschaffenheit, resp. Rettung sowohl der ὁμολογία wie der Pistis zugeschrieben wird. Paulus hätte auch noch die Gnosis oder Prophetie hinzusetzen dürfen, oder jede andere beliebige Pneumawirkung. Alle hätten auf die Einwohnung des Pneuma-Christus zurückgewiesen, hätten diese vorausgesetzt, hätten also — allerdings in leicht mißverständlicher Weise, als Bürgschaft des Heils angeführt werden können.

Immerhin aber mutet es uns etwas seltsam an, daß Paulus gerade mit πίστις das gesamte Pneumaleben rsp. die ethische Seite desselben meint. Allein welche andere Benennung hätte er wählen sollen? Hätte er öfters das Bekenntnis zu Christus als Heilsbedingung erwähnt, so wäre leicht ein furchtbares Mißverständnis angebahnt worden. Aber Paulus hätte die Sache, die er meinte, kurzweg auch bei ihrem Namen nennen sollen: die δικαιοσύνη kommt aus der ethischen Beschaffenheit, die wir ἐν Χριστῷ erhielten. Aber diesen Zusammenhang hat er ja öfters ganz klar ausgedrückt. Oder er hätte statt „aus Glauben" wenigstens „aus Pneumaempfang, durch das Pneuma, in Christo" sagen können! Er hat es gethan, wie wir sahen. Weshalb aber wählte er dennoch als Hauptformel die Ausdrücke πίστις, ἐκ πίστεως u. dgl? Etwa um des Gegensatzes zu aus „Gesetzeswerk" willen? Thatsächlich kommt die Pistis auch überwiegend in diesem Zusammenhang, in diesem Gegensatz vor. Aber leider bezeichnet Pistis den Gegensatz nicht einmal richtig. Wenn wir dem Wortsinn von Pistis folgen, so liegt in diesem Begriffe durchaus nicht ein Nicht-Thun, nicht bloße Passivität, sondern auch wieder ein Thun, wie z. B. die πίστις Abrahams eine That im eminentesten Sinne des Wortes war. Am richtigsten würde der Gegensatz bezeichnet durch χάρις (Röm. 11, 6), oder, wenn wir auf die Person bis die χάρις Erweisenden sehen, ἐκ τοῦ καλοῦντος (9, 11). Denn damit wird jede menschliche Mitwirkung ausgeschlossen. Diesen Sinn hat auch der öfter gebrauchte Ausdruck δικαιοσύνη θεοῦ: Die Rechtbeschaffenheit, welche mir Gott ohne mein Zuthun giebt, im Gegensatz zu derjenigen, welche ich mir selbst aus Gesetzeswerk bereiten will, der ἰδία δικαιοσύνη. (cf. Röm. 10, 3; Phil. 3, 9; Gal. 2, 21; 3, 21 u. a.) Denn dem Genetiv δικαιοσύνη θεοῦ liegt zwar ursprünglich der Eigentumsbegriff zu grunde, aber hier tritt bereits der Gedanke voran, daß Gott sein Eigentum hergiebt. Jedenfalls hätte der Ausdruck δικαιοσύνη θεοῦ¹ sehr gut hervorgehoben, daß die δικαιοσύνη, als Eigentum Gottes, nicht anders den Menschen zuteil werden kann als durch einen Geschenkakt Gottes. Aber wenn auch die Bezeichnung δικαιοσύνη θεοῦ öfters gebraucht wird, so repräsentiert sie doch nicht den klassisch-paulinischen Ausdruck. Dieser lautet δικαιοσύνη πίστεως oder ἐκ oder διὰ πίστ. oder πίστει.

Warum hat gerade ihn Paulus erwählt? Es ist ganz selbstverständlich! Der allgemeine Sprachgebrauch nötigte den Apostel.

Nach dem räthselhaften Tode Christi und den wunderbaren Gerüchten von seiner Auferstehung kam es darauf an, ihn für den Messias zu halten, d. h. zu glauben, daß er auferstanden, und daß sein Kreuztod ein Sühnetod sei. Und da nahm man den uns durch die Evangelien bekannten Begriff der Pistis herüber und gab ihm den Inhalt: Anerkennung der Messianität des Gekreuzigten und Auferstandenen. So finden wir den Sachverhalt in der Apostelgeschichte. Auch Paulus übernahm den populären Begriff der Pistis, wie er ihn von den Ur-

---

¹ Ob der Genetiv δικαιοσύνη θεοῦ in diesem Sinne grammatisch richtig und möglich sei oder nicht: der Apostel mag es verantworten. Apostolus supra grammaticam. Jedenfalls erlaubt er sich den Genetiv in ähnlichen und eng verwandten Formeln. Die δόξα τοῦ θεοῦ (Röm. 3, 23) ist die δόξα, welche Gott giebt rsp. geben sollte. Ἀγάπη τοῦ πνεύματος die Liebe, welche das Pneuma wirkt (Röm. 15, 30). Σοφία θεοῦ (1. Kor. 2, 7) Weisheit, die Gott giebt, anderwärts auch zur größeren Deutlichkeit σοφία ἀπὸ θεοῦ genannt (1 Kor. 1, 30). Χάρις τοῦ θεοῦ erklärt Paulus (1. Kor. 3, 10) als χάρις (Apostelamt), welches Gott ihm gegeben hat. Ἀγάπη und εἰλικρίνεια τοῦ θεοῦ sind ethische Eigenschaften, die Gott giebt; dieser Genetiv wird näher erklärt als ὡς ἐκ θεοῦ ἐν Χριστῷ (2. Kor. 2, 17; 2. Kor. 1, 12). Ζῆλος θεοῦ in 2 Kor. 11, 2 ist ein Eifer, den Gott uns giebt. Δύναμις θεοῦ (Röm. 1, 16; 1. Kor. 1, 18; 2, 5. 2. Kor. 6, 7) muß dahin aufgelöst werden, daß sie Gottes ist und nicht aus uns (2 Kor. 4, 7); d. h aus dem Gegensatz zu ἐξ ἡμῶν folgt, daß auch der Genetiv θεοῦ durch ἐκ θεοῦ erklärt werden muß. Das πνεῦμα wird θεοῦ genannt, weil es ἐκ θεοῦ stammt (1. Kor. 2, 12). Zudem erklärt Paulus selbst seine δικαιοσύνη θεοῦ als ἐκ θεοῦ (Phil. 3, 9; vgl. ferner 1. Kor. 1, 30, wo selbstverständlich δικαιοσύνη τε noch zu ἀπὸ θεοῦ zu ziehen ist.) An allen diesen Stellen wird der mit dem Genetiv verbundene Gegenstand als Eigentum, rsp. als Eigenschaft Gottes gedacht, welche nur Gott, der Besitzer, uns verleihen kann. Aber der Begriff des Hergebens tritt gegenüber dem des Besitzes hervor.

aposteln empfangen, in seinen Sprachgebrauch. Allein er gab ihm einen neuen Inhalt. Während man nämlich aus dem Sprachgebrauch der Apostelgeschichte durchaus nicht ersieht, inwiefern die Anerkennung Christi eine Heilswirkung haben soll, hat Paulus diesen Zusammenhang klar und deutlich gegeben: Die Pistis setzt die ethische Erneuerung voraus. Wo Pistis, da sicher auch Pneuma, da auch sittliche Erneuerung und Rechtbeschaffenheit.

Aber immerhin bleibt der Sprachgebrauch mit πίστις schwierig. Einmal für die Leser der paulinischen Briefe. Sie müssen den Begriff der πίστις stets umrechnen in den des πνεῦμα rsp. καινὴ κτίσις. Das hatte allerdings wenig zu bedeuten in einer Zeit, wo Jedermann aus täglichem Anschauen wußte, die πίστις werde nur pneumatisch-ekstatisch gewirkt, wo εἶναι ἐν τῇ πίστει soviel hieß wie Pneumatiker sein. Da verstand man unter πίστις überhaupt nichts anderes als Pneumaempfang. Aber es lag erstens die Gefahr nahe, daß man an dem Pneumacmpfang die Ekstase als Hauptsache schätzte, ja daß man Pneumaempfang und Ekstase identificierte, wie es in Korinth den Anschein gewann. Dann aber war nicht abzusehen, wie aus der Ekstase das Heil erwachsen sollte. Zudem drohte von diesem Standpunkt aus das Christenthum in ekstatische Schwärmerei aufzugehen. Oder, was ebenso schlimm war: Man vergaß, daß πίστις nur pneumatisch gewirkt ist; man trennte den Pneumaempfang von der πίστις. Alsdann blieb von der πίστις nur die Bedeutung: Anerkennung der Messianität Christi. Wie aber kann eine Meinung über Christus dem Menschen den Character der Rechtbeschaffenheit vor Gott eintragen? So wenig als der ein vollendeter protestantischer Christ ist, welcher Luther als den größten Reformator bekennt. In diesem Bekenntnis liegt nämlich häufig nichts als ein Nachschwätzen, das durchaus nicht notwendig mit lebendigem protestantischen Glaubensleben verbunden ist. So aber verhält es sich auch mit der Anerkennung Christi. Wir leiden schwer bis auf den heutigen Tag daran, daß man vergaß, die πίστις werde nur durch Einwohnen des Pneumachristus selbst hervorgebracht, sei also von der ethischen Erneuerung nicht zu trennen.

Schwierig ist der paulinische Sprachgebrauch ferner für den Apostel selbst, nämlich in Hinblick auf den Gegensatz zu der δικαιοσύνη ἐξ ἔργων νόμου. Nur die richtig verstandene, pneumatisch gewirkte πίστις stellt einen reinen Gegensatz zu jeglichem menschlichen Thun dar. Nur sie ist absolute Passivität, dagegen im Wortbegriff des πιστεύειν an und für sich liegt nicht eine Passivität, sondern eine Aktivität, wie wir am Beispiel des Abraham sehen werden. Sobald die πίστις vom Pneumaempfang losgelöst wird, wird sie zum Thun. Der Akt des Abrahamsglaubens war, da er παρ' ἐλπίδα ἐπ' ἐλπίδι geschah, ein eminent wichtiges Handeln, dem als Handeln der Erfolg der Anrechnung als δικαιοσύνη zugeschrieben wird. Aber auch wenn wir stets an die pneumatische πίστις denken, müssen wir jedesmal den Begriff, wo er in Gegensatz zu den ἔργα νόμου tritt, um rechnen in Pneumaempfang. Für uns wäre es vortheilhafter, wenn Paulus den Gegensatz nur nach den ihm entsprechenden Kategorien bezeichnet hätte. Er sieht sich übrigens zuweilen selbst veranlaßt, den Gegensatz genauer zu präzisieren, also gewissermaßen πίστις zu erklären: Phil. 3, 9: „Nicht habend (ἐν αὐτῷ ὤν) meine Rechtbeschaffenheit, die aus Gesetz, sondern die durch Glauben Christi, d. h. die von Gott stammende, d. h. auf grund des Glaubens", d. h. Pneumaempfangs verliehene, was dem ἐν Χριστῷ V. 9 entspricht. Jedenfalls muß vom Wertsinn der πίστις gänzlich abgesehen werden, wenn ein Gegensatz zu κατὰ χάριν (Röm. 4, 16) herauskommen soll. Richtig wäre auch: ἐκ νόμου — ἐξ ἐπαγγελίας (Gal. 3, 18); oder ἐκ νόμου — ἐκ θεοῦ (Phil. 3, 9; Röm. 3, 22). Aber diese Ausdrücke kommen nur gelegentlich zur Anwendung.

Damit müssen wir nun einmal zufrieden sein. Der Sprachgebrauch von der Gerechtigkeit aus dem Glauben hat sich bei uns eingebürgert und behält schon wegen seiner Verdienste in der Reformationszeit Heimatsrecht. Und er trifft ja auch das Richtige, wenn wir ihn nur paulinisch verstehen. Ten Wortsinn der πίστις müssen wir allerdings beiseite lassen. Es ist grundfalsch, wenn die Erklärer mit diesem Wortsinn beginnen, um zum Verständnis der paulinischen Heils-πίστις zu gelangen. Man nehme aber „Glauben" als andern Ausdruck für Einwohnung Christi in uns, wie ihn Paulus verstanden hat, speziell als Bezeichnung der ethischen Erneuerung, und es wird ihm sein religiöses Recht nie bestritten werden können. Der Gegensatz gegen die römische Werkgerechtigkeit wird dadurch nicht im mindesten abgeschwächt. Der Ausdruck „ἐκ πίστεως" bleibt die Parole des Protestantismus, aber nicht als eine mehr oder minder räthselhafte Inschrift, sondern als Ausdruck für die Gesamtwirkungen der Einwohnung Christi (II. im weiteren Sinn), die ja allerdings auch die Gewißheit seines göttlichen Berufes und lebendigen Wirkens (II. im engeren Sinne) enthält. Denn das wollen wir als wertvolles Resultat festhalten: Niemand kann Jesum einen Herrn heißen außer durch den hl. Geist. Ich kann nur Denjenigen meinen Lebensretter nennen, der mich wirklich gerettet hat. Wenn ich also Jesum Messias, Erlöser oder dgl. heißen will, wenn ich also an ihn, an diese seine Eigenschaften glauben will, so muß er mich durch sein Einwohnen gerettet haben. Andernfalls bleibt jede Glaubensaussage wertlos. Alles das, was ich über ihn weiß und bekenne, muß erlebt sein dadurch, daß er in mir wohnt und wirkt.

Wenn wir diese Erkenntnis einmal fest und klar erfaßt haben, so wird uns der Mißbrauch, den man bis heute häufig mit dem Wort πίστις getrieben hat, nicht mehr stören. Wir wissen jetzt, inwiefern die Rechtbeschaffenheit aus dem Glauben kommt, und was wir unter πίστις zu verstehen haben: das gesamte neue, durch Einwohnung Christi gewirkte christliche Glaubensleben. Schließlich hat es ja die schlichte religiöse Praxis bisher auch so gehalten. Das einfache, ernste Christenleben, das stille, demütige, vertrauensvolle, betende und arbeitende Wandeln in der Nachfolge des Herrn ist zu allen Zeiten der Kern echter christlicher Frömmigkeit gewesen. Nur hatte die Dogmatik strengstens verboten, diesem göttlich gewirkten Heilsleben auch Heilswert vor Gott zuzuschreiben. Ein einfacher Christenmensch, der seine Seligkeit und Hoffnung darauf stellte, daß er in Christo und Christus in ihm einwohne täglich mehr und mehr, mußte stets befürchten, daß ihm durch die dogmatischen Gesetzeshüter der Paragraph von der Gerechtigkeit aus dem Glauben in unliebsame Erinnerung gebracht werde. Dadurch aber ist zwischen der offiziellen Lehre und der religiösen Praxis ein unübersteigbarer Abgrund geschaffen worden. Das ethische Leben hatte in der Glaubenslehre eigentlich keine Heimatstätte gewinnen können. Wenigstens in unsrer evangelischen Kirche nicht. Freilich hat die katholische Kirche in ihrer Praxis den Zwiespalt zwischen Glauben und Leben überbrückt durch den gemeinsamen Begriff des Gehorsams, gegenüber sowohl den Lehren als auch Geboten der Kirche. Und darin liegt ihre Kraft. Die evangelische Kirche aber, die diesen Begriff nicht annehmen wollte und konnte, schwankt bis auf den heutigen Tag in wahrhaft trostloser Weise zwischen Lehre (Glauben) und Leben. Wird sie dagegen den Begriff des Glaubens in paulinischem Sinne richtig fassen, so wird sie den Zwiespalt entfernen, wird sie wieder Einheit und Kraft finden. Es geht nicht mehr mit dem Verständnis, welches die Reformationszeit dieser Frage entgegen brachte. Damals trat die rein negative Seite der πίστις, der Gegensatz gegen die römische Kirche und ihre Werke, mit elementarer Gewalt zutage. Soweit es bloß auf diesen Gegensatz ankommt, solange wir also mit der römischen Kirche streiten, thut auch heute noch wie damals das reformatorische Verständnis der πίστις einige Dienste. Aber sobald wir Protestanten wieder unter uns sind, beginnen und müssen beginnen die unerträglichen Händel darüber, was den nun eigentlich „Glauben" ist. Ein wunderliches Schauspiel! Wir legen allen Heilswert auf das, worüber keine Zwei einig sind! Kann unsere religiöse Gewißheit auf unglücklicherem Grunde ruhen? Es ist hohe Zeit, daß das anders werde.

Halten wir uns an Paulus! Pistis ist allerdings zunächst die Anerkennung Christi des Gekreuzigten, als Messias und Auferstandenen. Aber nicht diese Anerkennung an sich hat Heilswert, sondern das, was ihr zugrunde liegt, das neue pneumatische ethische Leben, die neue Kreatur. So ist πίστις an allen Stellen zu verstehen, wo diesem Begriff Heilsbedeutung zukommt. Wenn wir aber einmal hierüber einig sind, dann wird eine Meinungsverschiedenheit wegen der theoretischen Aussagen über Christus wenigstens keine Verketzerung mehr hervorbringen, denn was nicht praktisches ethisch religiöses Leben ist, ist vor Gott nicht heilswertvoll. In dubiis libertas, denn die dubia haben keinen religiösen, sondern höchstens wissenschaftlichen Wert. Sie gehören zur πίστις, die sich entwickelt und vergeht, die nie absolute Vollkommenheit erreichen wird. Dagegen die πίστις als **Heilsgrund** ist etwas absolut sicheres: Die Einwohnung Christi. Da diese, als **ethische Erneuerung**, zugleich allein **religiösen** Wert besitzt, so ist zwischen sittlichem und religiösem Leben eine volle Harmonie hergestellt, damit aber auch zwischen der Lehre und dem Leben, denn jetzt wird die Wissenschaft nichts andres mehr sein als eine Lehre vom w i r k l i ch e n religiösen Leben. Sie ist nicht mehr gezwungen, von einem falschen πίστις-Begriff ausgehend, ein religiöses Leben darzustellen, das nie gelebt werden kann, und doch dieses Leben für notwendig zum Heil zu erklären, so daß schließlich das wirkliche religiöse Leben, um nicht zu erlöschen, sich weit weg von der offiziellen und wissenschaftlichen dogmatischen Polizei in verborgene Stille zu retten sucht, leider mit dem schmerzlichen Gefühl der Unsicherheit und Verlassenheit.[1]

---

[1] Als ein kleiner, aber nicht uninteressanter Anhang möge hier der Nachweis folgen, daß auch Philemon 4—6 exegetisch ganz leicht zu bewältigen ist, wenn man unter πίστις das gesamte pneumatisch gewirkte neue ethisch-religiöse Leben verstehen. Nämlich V. 5: Hörend deine Liebe und die Pistis, welche du hast, das pneumatische Leben, welches du hast gegenüber dem Herrn Jesus und auf alle Heiligen hin. Seltsam kommt uns vor ἀγάπη neben πίστις, obgleich ja ἀγάπη in der πίστις als Bezeichnung des ganzen Pneumaempfangs enthalten ist. Allerdings hätte Paulus anstatt ἀγάπη κ. π. sagen können: ἀγάπη τῆς πίστεως, wie er Phil. 1, 25 konstruiert: χαρὰ τῆς πίστεως oder Röm. 15, 30: ἀγάπη τοῦ πνεύματος, die Liebe, welche der Pneumachristus wirkt. Alsdann aber hätten wir in Philem. 5 denselben Gedanken wie Phil. 2, 5: Diese Gesinnung habet unter euch, welche auch ἐν Χριστῷ Ἰησοῦ; d. h., was euch ἐν Χριστῷ an ethischer Gesinnung gegeben wird, das bethätiget auch unter einander. Aber nun Philemon V. 6! Womit soll ὅπως grammatisch verbunden werden? Man könnte denken an προσευχῶν in V. 4. Das wäre möglich, aber etwas weit hergeholt. Mit εὐχαριστῶ läßt die Logik keinen Zusammenhang zu. Das einfachste erscheint mir, einen Satz in Gedanken einzuschieben, nämlich: „Das erwähne ich", und dann fortzufahren: Damit (meine) Gemeinschaft mit deinem pneumatischen Glaubensleben als **thätig** sich erweise. Wodurch zeigt sie sich thätig? Durch die Erkenntnis (von meiner Seite) j e g l i c h e n Gutens, das ist unter Euch. Indem ich Alles Gute, das unter euch ist, kenne, zeige ich, daß meine Gemeinschaft mit deinem Glaubensleben eine lebendige ist, was ich ja auch V. 4 und 5 behauptet habe. Trotz der Entfernung lebe ich in stetiger geistiger Gemeinschaft und Verbindung mit dir, denke oft an dich in meinem Gebet, danke Gott um deinetwillen, indem ich höre dein treffliches Verhalten, woraus du ersehen kannst, daß meine Gemeinschaft mit deinem Glaubensleben lebendig, thätig ist, da ich nämlich genau informiert bin über eure Verhältnisse. Ich kenne alles Gute, das unter euch ist. Εἰς Χριστόν ist zu erklären wie 2. Kor. 1, 21 (cf. 1. Kor. 1, 8!): inbezug auf die Wiederkunft des Herrn. Was bei Euch gut ist, verdient diese Bezeichnung auch im Hinblick auf die Wiederkunft Christi und wird in seinem Gericht bestehen; kurz: Euer Gutes ist **wirklich** gut, auch vor Christi Urteil. Daß in Absichtssätzen (ὅπως γένηται) erklärt werden darf: „Damit erkannt werde, daß," cf 2. Kor. 12, 9 u. A.

8. Kapitel.

Die bloß angerechnete δικαιοσύνη des Abraham.

Es giebt Aussprüche des Apostels Paulus, welche darzuthun scheinen, unsere Rechtbeschaffenheit sei nicht eine wirkliche, sondern bloß angerechnet. (Röm. 4. Gal. 3.) Ueber diese Stellen muß zuerst Klarheit werden, ehe wir weiter gehn.

Sehen wir uns dieselben zuerst näher an! Röm. 4 citiert: Abraham glaubte dem Gott, und angerechnet wurde es ihm zur Rechtbeschaffenheit. — Was glaubte er? Daß ihm noch ein Sohn sollte bescheert werden. Inwiefern aber hatte er nötig, daß dieser Glaube ihm zur Rechtbeschaffenheit angerechnet wurde? War er denn nicht rechtbeschaffen? Und weshalb wurde er gerade jetzt, in diesem Zusammenhange, als rechtbeschaffen erklärt?

Man sollte nicht meinen, daß diese Fragen noch aufgeworfen werden müßten! Allerdings war Abraham ein Sünder, speziell in diesem Zusammenhange! Man erinnere sich doch, daß Kinderreichtum bei den Juden seit alters her als höchstes irdisches Glück betrachtet wurde (1. Mos. 15, 2; Ψ 113, 9; 127, 3 f. Prov. 17, 6; Hiob. 6, 3); dagegen Kinderlosigkeit als Zeichen der Schmach und des göttlichen Zornes (1. Mos. 30, 23; 1. Sam. 1, 6; Hos. 14, 9.). Schmach, Unglück und Gottes Zorn ist jedoch stets verdient. Speziell Kinderlosigkeit schreibt Jes. 47, 9 den Sünden zu. Diese Beurteilung hat sich selbst ins Neue Testament eingeführt (Luc. 1, 25; 46—47); sie liegt auch Röm. 4 zugrunde. Abraham mußte sich wegen seiner Kinderlosigkeit als Sünder ansehen. Wenn dagegen Gott ihm einen Leibeserben verhieß, und wenn er an die Erfüllung dieser Verheißung glaubte, so glaubte er an die Vergebung seiner Sünden, an den Gott, der den Sünder für rechtbeschaffen erklärte (V. 5); ein Gedanke der dem Apostel so wichtig ist, daß er ihn durch die davidischen Seligpreisungen des begnadigten Sünders noch hervorhebt. (V. 6—8.)

Es ist also Meinung des Paulus, daß in der Thatsache der Sohnesverheißung sich auch die weitere Thatsache der Sündenvergebung offenbarte, wie vorher die Thatsache des göttlichen Zornes in dem Zustand der Kinderlosigkeit.

Aber nun müssen wir fragen: Wie kann die Abrahamspistis rechtfertigend sein, da sie ja doch mit dem sonstigen paulinischen Heilsglauben nichts zu thun hat? Der Abrahamsglaube ist eine That Abrahams; der unsrige eine That Gottes. Der unsrige richtet sich auf Christus, der des Abraham auf Gott. Unsere πίστις setzt den Pneumaempfang, die ethische Erneuerung voraus, die des Abraham nichts als Gottvertrauen. Und doch soll nur die καινὴ κτίσις vor Gott gelten!

Paulus fühlt selbst den großen Unterschied und möchte gern wenigstens andeutungsweise vermitteln. Da nämlich unser Heilsglaube sich hauptsächlich um

— 47 —

die Anerkennung des Auferstandenen dreht, so betont Paulus, daß die Entstehung eines Sohnes aus den alten, erstorbenen Leibern einer Auferstehungswirkung Gottes gleichkomme, dem Berufen des Nichtseienden als Seiendes (V. 17). Allein diese Auskunft ist nur das Zeichen einer gewissen Verlegenheit des Apostels, die sich auch noch auf einen andern Punkt erstreckt. Unsere Pistis ist kein eigenes Thun, sondern ein Erleiden; Abrahams Glaube aber stellt eine That dar, eine verdienstvolle That, eine That, die wichtige Folgen hat. Auch hier fühlt Paulus den Riß, sucht er die Vermittlung. Deshalb macht er unter der Hand, was doch eine That sein soll, wieder zur Nichtthat. Aber das geht nicht. Der Parallelismus ἐκ πίστεως — ἵνα κατὰ χάριν gilt nur von unsrer, aber nicht von Abrahams Pistis. Uns wird die δικαιοσύνη bedingungslos, ohne Mitwirken von unsrer Seite, rein κατὰ χάριν gegeben. Dagegen dem Abraham giebt Gott das Verheißene unter der Bedingung des Glaubens als einer selbständigen That Abrahams.

Man sollte in den Kreisen der Erklärer diese einfache Thatsache nicht ignorieren. Man sollte nicht aus der Abrahamspistis die christliche ableiten wollen. Denn da kommen sehr gezwungene und gänzlich unverständliche Dinge zum Vorschein. Würde es vielleicht Jemand einfallen, die christliche Pistis aus dem Glauben der in Heb. 11 genannten Personen herzuleiten? Es gehört wirklich nicht viel Scharfsinn dazu, um zu merken, daß wir es in Heb. wie in Röm. 4 mit einer allegorischen Ausdeutung des alten Testaments zu thun haben. Der Satz, daß schon im alten Testament Gott dem Abraham gnadenweise δικαιοσύνη angerechnet habe, und zwar wegen seiner πίστις, war doch für Paulus zu kostbar, als daß er ihn hätte unverwertet lassen sollen. Daß die Abrahamspistis freilich nicht die unsrige war, das konnte einem so kühnen Allegoriker keine allzugroße Schwierigkeit bereiten. Paulus hat in allegorischen Auslegungen wahrlich noch Schwierigeres geleistet als dies.

Demnach kann Röm. 4 nicht imstande sein, unsere Auffassung und Erfahrung der christlichen πίστις zu alterieren. Wir lehnen es geradezu als grundfalsch ab, wenn uns zugemutet wird, die unsrige von der des Abraham abzuleiten; wir müßten sonst, wie die Erklärer dieser Art allerdings thun, unserem Heilsglauben das Herz ausschneiden: die καινὴ κτίσις, und wieder ein künstliches einsetzen: Die „Glaubensmystik". Aber der Pulsschlag würde fehlen.

Das Gleiche gilt von Gal. 3. Hier steht im Vordergrund der Gedanke, die Glaubenden seien die wahren Söhne des gläubigen Abraham. Aber auch hier ist der vorschwebende Gegensatz der Abrahamspistis zum Thun (V. 11—12) verunglückt. Er gilt nur von der christlichen πίστις, welche Paulus allerdings, aber mit Unrecht (V. 13—14) zuhilfe ruft. Diese als mit Pneumaempfang und ἐν Χριστῷ-Sein identisch, (V. 14), kann nicht durch die abrahamische ersetzt werden. Paulus möchte auch hier vermitteln, indem er das ἐν-Χριστῷ-Werden auflöst in „damit wir die Ankündigung des Pneuma empfangen durch Vermittelung des Glaubens" (B. 14). Allerdings, Abraham hat so gethan. Er hat vermöge seines Glaubens die Ankündigung eines Sohnes nicht abgewiesen, sondern im Glauben angenommen. Aber das, was w i r empfangen, e m p f a n g e n wir nicht durch den Glauben, sondern es b r i n g t uns überhaupt erst die Heilspistis, als eine Frucht des Pneuma.

Wie gesagt, wir dürfen das behufs allegorischer Uebertragung neuer Ideen ins alte Testament angeführte exemplum Abrahae ebensowenig uns stören lassen in unsern Erkenntnissen als andere allegorische Auslegungen des Apostels.

9. Kapitel.

Resultat.

Wir hatten es bis jetzt mit lauter sehr einfachen religiösen Erscheinungen zu thun: Wohnt der Pneumachristus in mir, so bin ich ethisch erneuert, dadurch in Gottes Augen δίκαιος. Das verstand und versteht Jeder, und so mußte es auch sein. Mit dem, was manche Erklärer als paulinische Theologie ausgeben, diesem Labyrinth von schwierigen, undeutlichen Begriffen, hätte Paulus keinen Menschen bekehrt, geschweige denn Gemeinden gegründet.

Aber doch sind noch Fragen gestattet. Nicht exegetische, sondern dogmatische, oder sagen wir lieber, religiöse. Wir Modernen haben eine andere Vorstellung und Erfahrung von der Einwohnung Christi in uns; wir stellen sie nicht mehr der dämonischen Besessenheit als analog gegenüber. Wir brauchen uns dessen jedoch nicht zu rühmen. Ich wenigstens beneide den Apostel um seine Vorstellung. Denn in ihr liegt die Gewißheit, den geliebten Christus ganz und ungeteilt, als volle Person, in voller persönlicher Wirksamkeit zu besitzen. Aber die Zeiten und Vorstellungen sind nun einmal andere geworden. Wir müssen daher fragen, ob und wie auch wir der Einwohnung Christi insoweit gewißlich teilhaftig werden können, als dieselbe zum Heil notwendig ist? Ich meine die e t h i s c h e Einwohnung. Dabei dürfen wir uns allerdings an das Vorbild des Paulus nicht halten, denn die Thatsache von Damaskus bedeutete für ihn nur den Eintritt der ersten christlichen Ekstase. Durch die Vision von Damaskus erhielt Paulus die Gewißheit, daß nun auch er pneumatisch besessen sei, daß also wahr sein müsse, was er im Gesicht geschaut und was die Jünger stets behauptet hatten, daß Christus lebe. Denn eine Vision ließ den Paulus, den Juden, sicherlich auf eine überweltliche Ursache schließen. Und da an eine dämonische nicht mehr gedacht werden konnte, mußte es eine pneumatische sein. Der Geist hatte ihm den auferstandenen Christus offenbart, ἐν πνεύματι war ihm dieser erschienen.

Aber wir sind damit nicht zufrieden. Das möchten wir wissen, wie es kam, daß die ethischen Eigenschaften Christi in ihm zur Wirksamkeit gelangten! Wir möchten die psychologischen und ethischen Bedingungen kennen, unter denen in klassischer Weise die Einwohnung bei Paulus sich vollzog; dann, meinen wir, könnten wir leicht es ihm nacherleben! Aber da verläßt uns alle Kunde.

Doch ich sage Gott Dank, daß er uns hierin nichts zu wissen gethan hat. Mir graut vor dem methodistischen Dogmatismus, den die Theologen angestellt hätten, wenn Paulus auch nur an einer einzigen Stelle erzählt haben würde, wie er zur ethischen Erneuerung kam. Wir hätten zum mindesten glauben müssen, daß, was Paulus vermöge seiner ganz eigenartigen sittlichen und religiösen Anlagen erlebte, nun für einen Jeglichen, sei er auch himmelverschieden geartet, zur Nacherfahrung bestimmt sei. Aber haben wir nicht aus dem Munde des Heilandes gehört, daß das Himmelreich für verschiedene Menschen auch in verschiedener Weise kommt? Es ist bald dem, bald jenem Dinge gleich. Der Eine findet es nach langem Suchen als köstlichste Perle, dem Andern fällts zu wie ein unvermutet angetroffener Schatz. Größere Gegensätze kann es nicht geben; aber in diesen Rahmen passen ganz gewiß alle menschlichen Fälle ohne Ausnahme hinein.

Allerdings, was die Bedingungen dieses Einwohnens Christi angeht, so will ich hierüber in diesem Zusammenhang nichts Näheres ausführen. Im Allgemeinen bin ich mit den Gedanken Drummonds, die sich jeder Christ ernstlichst überlegen sollte, einverstanden wie wohl nicht mehr wieder mit denen eines andern Menschen. Es ist meine festeste Ueberzeugung, daß wir nur durch Einwohnen Christi erneuert werden können. Aber wie geschieht diese Einwohnung? Hier, dünkt mich, hat die theologische Wissenschaft noch ein überaus weites, fruchtbares Feld vor sich, die Erforschung des eigentlichen religiösen Lebens und seiner Gesetze, und die Anweisung, wie diese Erkenntnis der Gesetze zur Förderung des Heilslebens fruchtbar gemacht werden kann. Alles, was uns die Kenntnis des Menschen, die Erfahrungen des einzelnen Frommen wie der gesamten christlichen Kirchengeschichte an die Hand geben, wird für diesen Zweck nicht zuviel sein als zu durchforschendes, zu sichtendes, für die Praxis nutzbar zu machendes Material. Die Dogmatik wird religiöse Pädagogik werden; sie wird allein dem großartigen Zweck dienen, die Einwohnung Christi in der ganzen Welt, in allen Menschenseelen wissenschaftlich vorzubereiten und zu überwachen. Die Theologie wird dann mit dem wirklichen Leben in innigstem Zusammenhang stehen, sie wird die Wissenschaft vom thatsächlich vorhandenen religiösen Leben sein. Sie wird im schönsten Sinn praktische Theologie werden.

Einstweilen ist es freilich noch weit bis dorthin. Immerhin mehren sich die Anzeichen, daß diese Veränderung der wissenschaftlichen Ziele der Theologie ein

Bedürfnis wird. Ich erinnere wieder an die großartigen Schriften des Engländers Drummond, die ich als Anzeichen einer neuen und besseren Zeit mit vielen Tausenden freudig begrüße.

Also Christus wohnt dadurch in uns ein, daß seine ethischen Eigenschaften in unseren Character übergehn, wie ein jeder geschickte Erzieher seinen Character dem Zögling mitteilt. Aber damit sind wir von Paulus ziemlich weit abgewichen! Der Apostel ist ja überzeugt, daß die Einwohnung Christi und seiner ethischen Beschaffenheit nicht allmählich geschieht, nicht ein pädagogisches Fortschreiten zuläßt, sondern mit einem Male vollendet ist! Wie stellen wir uns dazu? Unsere Stellung wurde bereits angedeutet. Wir haben ja gesehen, daß die Theorie des Paulus mit den Thatsachen nicht stimmt. Sie beruht lediglich auf einer gewissen Vorstellung vom metaphysischen Wesen und der Existenzweise des Auferstandenen und der Art seiner Einwohnung. Diese Vorstellung aber kann mit den Thatsachen nicht harmonieren; daß die Einwohnung Christi nach der ethischen Seite hin nicht zusammenfällt mit der Ekstase, daß man mit andern Worten ein guter Ekstatiker und ein recht schlechter Christ sein kann, diese Thatsache hat Paulus nicht dadurch aus der Welt geschafft, daß er sie theoretisch leugnete. Mag vielleicht Paulus religiös, ethisch, psychologisch und körperlich so prädisponiert gewesen sein, daß in ihm mit einem Male die Herrlichkeit des Herrn aufging, wie ein mächtiges Licht plötzlich auflodert (er selbst schildert es so, 2. Cor. 4, 6); bei andern Menschen war es anders und wird es meistens anders sein. Der Apostel macht auf uns in seiner grandiosen Begeisterung, Selbstlosigkeit und Hingabe an seine Seelenrettungspflicht allerdings den Eindruck, als ob in ihm die volle sittliche Größe Jesu mit einem Male Wohnung gemacht habe, so daß Paulus mit Recht den Feinden zurufen mag, er könne nicht mehr eine unedle That thun, denn Christus treibe ihn ja; wie ein vollendetes musikalisches Genie unter unserem Beifall von sich behaupten darf, es sei nicht imstande, einen falschen Akkord zu schreiben. Aber ein Irrtum war es von Paulus, dieselbe ethische Vollendung bei jedem christlichen Ekstatiker vorauszusetzen. Wir sind an diesen Irrtum nicht gebunden, weil wir seine metaphysischen Grundlagen nicht mehr anerkennen. Paulus konnte nicht anders argumentieren, weil nach seiner Voraussetzung Christus entweder ganz oder gar nicht einwohnte. Wir stellen uns den Auferstandenen geistiger vor als Paulus, und seine Einwohnung psychologisch vermittelter. Uns ist es möglich, von einem Fortschritt des Einwohnens Christi in uns zu reden.

Und nun zur zweiten Frage! Ist es wirklich die ethische Erneuerung allein, die uns in das richtige religiöse Verhältnis zu Gott bringt, so daß Gott uns als Rechtbeschaffene erklärt und behandelt?

Zunächst liegt dem, daß uns Gott jetzt als Rechtbeschaffene erklärt und behandelt, die eine Thatsache zugrunde, daß wir ethisch erneuert sind. Weil wir andere Menschen sind, Menschen, wie uns Gott haben will, erklärt er uns auch als solche. Aber darin liegt noch ein Zweites inbegriffen. Wenn uns Gott trotz unsrer früher begangenen Sünden als Rechtbeschaffene nicht nur erklärt, sondern auch behandelt, (hinsichtlich des ewigen Lebens), so ist klar, daß er uns diese früheren Sünden nicht mehr anrechnet. In dem Geschenk der ethischen Erneuerung, der Pneumasendung, welche uns das ewige Leben verbürgt, also in dem Geschenk des ewigen Lebens selbst erklärt Gott uns ledig der vorbegangenen Sünden. Wer durch Gottes Gnade ethisch erneuert ist, dem wurden auch die Sünden vergeben. Hätte sie ihm Gott nicht erlassen, so hätte er ihn auch nicht ethisch erneuert und zum Leben berufen, sondern in seinen Sünden sterben lassen. Wir werden hievon noch später reden.

Einstweilen werde hier das Eine festgestellt, daß erst die Erneuerung uns die Sündenvergebung bringt. Erst als Erneuerte fühlen wir, daß unsre vorbegangenen Sünden vergeben sind. Wer daran zweifelt, der frage nur sein eigenes Gewissen. Haben wir jemals Vergebung unserer Sünden empfunden, solange wir nicht in dem betr. Punkt erneuert waren? Wie kann ein Dieb Vergebung der Sünden fühlen, solange er noch weiter stiehlt oder gestohlenes Gut behält? Mag auch ein irrgeleitetes Gewissen sich selbst belügen und trotz fortdauernden Sündigens sich Vergebung zusichern, mag auch eine verkehrte Beichtpraxis — auf katholischer wie evangelischer Seite kommt sie vor — diesen entsetzlichen Selbstbetrug noch fördern, Selbstbetrug ist und b'eibt diese Einbildung. Zum Glück können die eigenen religiösen Erlebnisse eine Korrektur für den, der überhaupt denkt, selbst schon ermöglichen. Die eingebildete Vergebung hat nämlich gar keinen praktischen Wert. Heute Vergebung, morgen schon wieder neue Sünde, neue Schuld. Schon mein Nachdenken also sagt mir, daß die geträumte Vergebung nutzlos war, da ich heute genau wieder so erbärmlich dastehe wie ehedem vor der Vergebung. Oder sollte es wirklich einen Theologen geben, der darauf antwortete, die einmal vergebenen Sünden blieben vergeben, selbst wenn sie wiederholt würden? So daß also nur diejenigen Sünden vor Gott angerechnet seien, die der Mensch etwa seit der letzten Beicht und Kommunion begangen habe, da ja die vorherigen vergeben seien? Möchte doch solch ein Theologe nicht in einem einzigen Exemplar zu finden sein! Er ist ein Seelmörder! Denn das Gewissen, das strafende Gedächtnis, muß ja gewaltsam getötet werden, wenn es sich dieser Beichtpraxis fügen soll. Von Natur zieht es seinen Stachel nicht eher aus der Erinnerung als bis der Mensch in dem betr. Stücke wirklich erneuert ist und als ein Erneuerter alles, was in seinen Kräften stand, gut gemacht hat. Dann erst kommt das Gefühl des Friedens mit Gott; das Gewissen hört auf zu schelten; ich habe Vergebung der Sünden gefunden. Aber nicht eher fühle ich sie als bis Alles, was uneben war, eben wurde.

Daher geht es nicht an, zu sagen: erst freigesprochen, dann ethisch erneuert. erst das Gefühl der Sündenvergebung, dann den Vorsatz der Erneuerung. Dies ist nicht die Erfahrung und Meinung des Paulus. Es ist überhaupt grundfalsch. Nichts dürfte wohl leichter einzusehen sein als daß, wer Vergebung seiner Sünden erfahren will, zuerst diese Sünden selbst als solche erfahren haben muß. Sie müssen ihm auf der Seele gebrannt haben, wenn er die Befreiung davon fühlen soll. Wer aber nicht weiß, was hell ist, hat auch kein Bewußtsein der Dunkelheit. Ich behaupte daher, daß wir die Größe unserer Sünde erst dann erkennen, wenn wir das Gegenteil, das Ideal, in uns tragen. Ich meine es so: aufgrund der zehn und noch andrer Gebote (die zehn reichen bei Weitem nicht, trotz aller Was-ist-das) kann man zwar auch ein Sündengefühl erwecken, denn durchs Gesetz kommt allerdings Erkenntnis der Sünde. Gewiß war unter den Juden zur Zeit Jesu ein ernstes Sündenbewußtsein lebendig. Aber dies Bewußtsein war nicht selbsterlebte Ueberzeugung; es beruhte vielmehr darauf, daß die Juden eine wenn auch göttliche, so doch fremde Macht über ihren Seelenzustand urteilen ließen. Was ich aber nicht selbst als richtig und bindend empfunden habe, das bleibt mir fremd und unsicher. Daher der Irrtum der Juden, daß sie in rituellen Werken sich erschöpften und die ethischen Gebote vergaßen. Etwas derartiges kann nur da passieren, wo die Wahrheit der Gebote nicht durch eignes Erleben bestätigt ist, sondern wo ich eine wenn auch noch so hohe, so doch fremde Autorität über mich richten lasse. Das Sündengefühl kann da sein, aufgrund der Gebote allein, aber es ist sehr fraglich, ob es das richtige ist. Die polemischen Reden Jesu gegenüber der δικαιοσύνη der Gesetzesjuden zeigt, daß diese sich auf ganz falschem Wege befanden. Sie hielten Dinge für verbindlich, welche es nicht waren, und vergaßen die, welche allein vor Gott Wert hatten. Und dies ist die Regel. Der Begriff des Erlaubten, rsp. Gebotenen und Verbotenen schwankt. Was dem Einen wichtig und heilig ist, verlacht der Andere. Auch innerhalb der für göttlich geoffenbart anerkannten göttlichen Gebote sind verhängnisvolle Irrtümer möglich. Und erst ein moderner Mensch, der den göttlichen Ursprung der Sittengebote leugnet — vielleicht aufgrund ehrenwerter Erwägungen — wird gar jeglichen Boden unter den Füßen verlieren, jegliche Gewißheit dessen, was Gut und Böse ist. Er wird in der Verzweiflung sich eigene, vielleicht brauchbare, vielleicht unbrauchbare ethische Kategorieen construiren, wird innerhalb derselben sein ethisches Leben einzurichten suchen und wird eben, wie jeder, der auf äußere Gebote sein Verhalten stützt, über das Gefühl der Unsicherheit nicht hinauskommen. Er wird nie klar wissen, warum er so oder so handelt. Auch sein Sündenbewußtsein wird unklar bleiben, wenn er nicht gar über die innere Verzweiflung sich durch Leugnung des Sündenbegriffs überhaupt hinwegzulügen versucht.

Und doch giebt es einen ganz zuverlässigen Richter, dessen Urteil über das, was sein soll und was nicht, über Gut und Böse, nicht zu ignorieren und absolut fest und untrüglich ist: das sittliche Ideal selbst. Wenn dieses sittliche Ideal in mir lebt, so werde ich demselben unbedingt zustimmen; aus eigenster innerster Ueberzeugung muß ich es anerkennen, denn ich habe seinen Wert als Ideal in mir erlebt. Jetzt weiß ich, was gut und böse ist, nicht weil Der oder Jener Dies oder Jenes für gut und böse erklärt hat, sondern weil ich das Gute in meinem Lebensgefühl als gut, d. h. als beseligend, erfahren habe. Das sittliche Ideal ist Christus. Beweis: Wer ihn als solches in sich aufnimmt, wird ihn als solches erleben. Einen andern Beweis giebt es nicht. Habe ich aber das Ideal in mir erlebt, bin ich im Besitz des Ideals, dann erst schaue ich den Abgrund, in dem ich schwebte. Es ist mit allen Idealen so. Nehmen wir ein gesellschaftliches Beispiel, das im modernen Leben nur allzunahe liegt. Einem unzüchtigen Menschen wird man in der Regel mit Geboten schwer beikommen. Er ignoriert sie oder leugnet ihre Verbindlichkeit. Die atheistische Ethik bringt ja alles fertig. Die Gebote erwecken keine Reue in ihm. Auch wenn die Ausschweifungen körperliche Leiden mit sich bringen, wird eine etwaige Reue mehr im Bedauern der Folgen als der Ursachen bestehn. Dagegen wenn dem Manne der Wert idealer Weiblichkeit, idealen Familienlebens aufgegangen ist, alsdann wird er darüber Schmerz empfinden, daß er das wahre Glück so lange mit Füßen trat. Jetzt weiß er erst, was er früher entbehrte. Nur wer sehr reich wurde, kann in seinen früheren Verhältnissen, die er einst für behäbig betrachtete, Armut erblicken. Natürlich ist der Schmerz über eine vertollte Lebenszeit noch lange nicht Sündenerkenntnis. Ich habe auch das Exempel nur deshalb angeführt, weil in der That der Mensch den Mangel erst dann voll erkennt, wenn er im Zustand des Gegenteils, im Besitz des Gutes sich befindet. Aber diese Wahrheit gilt auch auf dem religiösen Gebiet. Wer noch in der Sünde ist, kann die Gnade nicht fühlen, also auch nicht den vollen Abstand davon. Dagegen wer die Gnade hat, der überschaut auch seine Sünde. Welch eine Güte Gottes, daß er uns erst dann den Abgrund zeigt, wenn wir gerettet sind! Ist vielleicht zu befürchten, daß diese seine Vatergüte den Geretteten übermütig macht? O nun und nimmer! Oder wird dadurch der Ernst der Sünde zerstört? Ernster kann sie gar Niemand auffassen als Paulus, der Gerettete.

Das wäre demnach unsre Meinung: Nur Derjenige kann Vergebung der Sünden empfangen, der imstande ist, diese Vergebung zu fühlen. Nur der fühlt sie, der seine Sünde kennt. Nur der kennt sie, der in der Gnade ist. Also geht es nicht an, zu sagen: erst Sündenvergebung, dann Erneuerung; denn es giebt keine Vergebung ohne Erneuerung.

Aber wie steht es nun mit den sündenvergebenden Folgen des Todes Christi? Wenn schon die ethische Erneuerung die Vergebung bringt, wozu wäre dann noch die Thatsache des Kreuzes nötig? Dieser Einwand ist sehr berechtigt und muß befriedigt werden. Leider kann dies jedoch nicht direkt geschehen, sondern erst nach Erledigung einiger anthropologischer Fragen. Diese aber sollen im folgenden Teil behandelt werden.

IV. Teil.

Die religiöse Anthropologie des Apostels Paulus.

10. Kapitel.

Der Mensch und das Gesetz.

Trotz des Widerspruchs, der schon so oft dagegen erhoben wurde, wiederhole ich die Behauptung: Paulus unterscheidet scharf und deutlich zwischen den rituellen und den ethischen Geboten des Gesetzes, obgleich er für beide das gleiche Wort gebraucht.

Allerdings besitzt Paulus für beide Arten von Geboten keine besondere Namen; Paulus nennt sie beide νόμος. Aber begrifflich unterscheidet er sie klar. Wenn er z. B. sagt: Die Beschneidung ist nichts und die Vorhaut ist nichts, sondern Halten der Gebote Gottes (1. Kor. 7, 19), so liegt in diesem Satze ausgesprochen: die Erfüllung der rituellen Gebote ist vor Gott nichts nütze, wohl aber die der ethischen. Oder Röm. 2, 26 f.: Wenn die Vorhaut, also die rituell gesetzlose Menschheit, die Forderungen des (sittlichen) Gesetzes hält, wird ihr nicht die Vorhaut, die Freiheit von den Riten, zur Beschneidung angerechnet? Oder wenn es heißt: „Ende des Gesetzes ist Christus" (Röm. 10, 5), so kann das nur vom rituellen Gesetz gelten. Denn des ethischen Gesetzes Ende ist Christus so wenig, daß wir ἐν αὐτῷ dasselbe erst recht sehen machen, d. h. erfüllen (Röm. 3, 31). Nur das Ritualgesetz kann gemeint sein, wenn Abraham durch seine Erfüllung nur vor Menschen, nicht vor Gott Ruhm hätte (Röm. 4, 2). Denn vom ethischen Gesetz gilt das Gegenteil, daß die Thäter desselben werden für gerecht erklärt werden (Röm. 2, 13). Die rituellen Vorschriften haben ihr Lob von den Menschen, die sittlichen von Gott (Röm. 2, 29). Durch das Halten dieses sittlichen νόμος ist Paulus freilich dem rituellen νόμος abgestorben (Gal. 2, 19—21), d. h. durch die Einwohnung Christi, von der er gleich darnach redet, ist ihm der Unwert der Riten offenbart worden. Er ist nicht ἄνομος θεοῦ, wenn er die Riten fallen läßt, sondern ἔννομος Χριστοῦ, weil er ἐν Χριστῷ das einzig vor Gott wertvolle ethische Gebot Gottes erfüllt (1 Kor. 9, 21, cf. Röm. 8. Man denke ferner an den Unterschied der (sittlichen) περιτομὴ καρδίας ἐν πν. und der, die ἐν γράμματι, d. h. rituell, geschieht (Röm. 2, 29).

Nun bestimmen wir das faktische Verhalten des u n e r n e u e r t e n, dann des e r n e u e r t e n Menschen gegenüber sowohl dem sittlichen wie rituellen Gesetz. Der Mensch hat in sich zweierlei Triebe. (Röm. 7, 7—25). Der eine, die Lust zum Guten, zur Erfüllung des Gesetzes, wohnt im inneren Menschen, im νοῦς. Der Andere, die Lust zum Verbotenen, wohnt im Leib, ṛṣp. Fleisch, in den Gliedern, und heißt ἁμαρτία oder Sündhaftigkeit.[1] Beide Triebe existieren im Menschen, ohne thätig zu sein, bis das positive Gebot oder Verbot erfolgt. Sofort reagieren beide Triebe. Die ἁμαρτία richtet sich dem Verbotenen zu und wirkt die Begierde. Der Trieb zum Guten aber, der Trieb des νοῦς, stimmt dem Gebote bei. Es fragt sich nun, wer von den Beiden die Oberhand gewinnt. Leider aber siegt die ἁμαρτία; der Mensch folgt ihr und begeht die Thatsünde. Dieser Vorgang wird Röm. 7 von Paulus so beschrieben, daß er als Typus für jeglichen Vorgang von Sünde gilt. Ja, es ist sogar offenbar die Meinung des Apostels, daß, so oft ein Gebot an uns ergeht, dies Gebot nur zur Sünde führt, weil stets und in allen Fällen die ἁμαρτία übermächtig ist über den νοῦς. Sie herrscht über den Menschen wie ein König (Röm. 5, 21), wie ein Herr über gekaufte Sklaven (Röm. 6, 6, 14; 7, 14), wie ein Gläubiger über die Schuldner Röm. 8, 12), wie der Mann über das Weib (Röm. 7, 1 f.). Gegen meinen Willen muß ich sündigen, trotz entschiedenen Willens kann ich das Gute nicht vollbringen. (Röm. 7, 15 f.). Daraus fließen denn die Zustände allgemeiner und absoluter Sündigkeit des ganzen Menschengeschlechts, der Juden, welche gegen das geoffenbarte Gesetz, und der Heiden, welche gegen das ungeschriebene Gewissensgesetz gesündigt haben. (Röm. 2, 11; 5, 14). Doch das sind bekannte Dinge, die ich nicht zu wiederholen brauche.

An diesem schlimmen Zustand ist nun aber durchaus nicht das Gebot an sich schuld. Im Gegenteil, es bleibt heilig und rechtbeschaffen und gut, zum Zweck des Lebens gegeben. Wenn es trotzdem mich in den Tod treibt, so liegt der Grund davon lediglich in meiner ἁμαρτία. Daher drückt sich Paulus eigentlich nicht ganz

---

[1] ἁμαρτία bezeichnet überwiegend einen Zustand, nicht eine That. Letztere wird bei Paulus lieber mit ἁμάρτημα oder παράβασις benannt.

richtig aus, wenn er manchmal die Herrschaft der ἁμαρτία als Herrschaft des νόμος bezeichnet ¹ (Röm. 6, 14; 7, 4, 6; Gal. 5, 18 cf. mit Röm 7, 14; 3, 9; 6, 17; Gal. 3, 22, 23.) Die Jdentifikation von ὑπὸ νόμου und ὑφ' ἁμαρτίαν gilt nicht an und für sich, sondern nur zufällig, weil zufällig im Menschen das Gesetz die Uebermacht der ἁμαρτία angetroffen hat. Wäre in uns der νοῦς der beherrschende Trieb, so würde jedes Gebot die Uebermacht des νοῦς reizen, ὑπὸ νόμον wäre also in diesem Falle soviel wie ὑπὸ νοῦν Also nur wegen unsrer Beschaffenheit gilt es, daß das Gesetz zur Kraftäußerung der ἁμαρτία (1. Kor. 15, 56) werden müsse.

So verhält sich der unernenerte Mensch gegenüber dem sittlichen Gesetz. Und gegenüber dem rituellen? Hier kommt nur der Jude in Frage, während beim ethischen Gesetz Juden wie Heiden gleichmäßig beschaffen und verpflichtet sind. Und da kann nun Paulus nicht ohne Weiteres diese Verpflichtung der Juden gegenüber dem Ritualgebot für eine bloß scheinbare, eingebildete erklären. Paulus ist nicht nur ein gewesener Gesetzesvergötterer, sondern auch ein frommer und ein vernünftiger Mensch. Als solcher aber mußte er sich sagen, daß eine großartige ehrwürdige Institution wie das Ritualgesetz wohl auch seinen göttlichen Zweck gehabt haben müsse. Und dieser Zweck war gleichfalls ein negativer: Mehrung, Steigerung der Sünde. (Röm. 5, 20; 7, 13. Gal. 3, 19.) Wer auch nur ein einziges rituelles Gebot übertritt, der ist unter dem Fluch (Gal. 3, 10. cf. Jak. 2, 10). Und daß dieser Unmasse von rituellen Geboten zu gehorchen und den Verboten auszuweichen unmöglich war, wußte Paulus aus eigener Erfahrung so gut als Einer, brauchte er auch seinem Volke nicht zu sagen. Infolgedessen diente in Wirklichkeit das rituelle Gesetz gleichfalls nur dazu, die Sünde zu steigern und auch das Sündenbewußtsein wie Erlösungsbedürfnis wach zu erhalten. Thatsächlich hat es ja diesen Zweck auch erfüllt. Die Sündenangst, die Angst um das Seelenheil, welche durch die unzähligen rituellen Gebote in steter Lebendigkeit erhalten, ja fortwährend gesteigert wurde, hat gewiß dem Christentum ebenso vorgearbeitet als die Steigerung der römischen Werkgerechtigkeit der Reformation. Paulus hat also ganz recht, und es ist nicht rabbinische Sophistik, wenn er auf dem Ritualgesetz den Zweck vorschreibt, die Sünde zu steigern. Vielleicht würden wir Modernen uns begnügen, statt „Sünde" „Sündengefühl" zu lesen. Allein das wäre doch wieder nicht ganz richtig. Denn indem die Juden die für ver=

---

¹ Selbstverständlich muß in 1. Kor. 9, 20 und Gal. 4, 4, 21 bei ὑπὸ νόμου wieder an das rituelle Gesetz gedacht werden. Gal. 3, 23 dürfte wohl das Gesetz als Ganzes gemeint sein. Die Exegese wird allerdings wesentlich dadurch erschwert, daß Paulus für diese verschiedenen Begriffe nur eine Bezeichnung hat. Aber der Zusammenhang muß das Richtige jedesmal schon erkennen lassen.

pflichtend gehaltenen rituellen Gebote übertraten, sündigten sie thatsächlich, indem sie gegen ihr Gewissen verstießen. Es gilt von ihnen dasselbe wie von den glaubensschwachen Christen, denen der Verstoß gegen die rituellen Gebote nicht deshalb zur Sünde wird, weil diese Gebote an sich verpflichtend w ä r e n, sondern weil die schwachen Christen sie in ihrem Gewissen für verpflichtend h i e l t e n.

Somit haben also — wenigstens bei den Juden — wirklich beide Arten von Gesetz, rituelles und ethisches, den göttlichen Zweck gehabt und auch erfüllt, die Sünde ins Unermeßliche zu steigern. Es liegt also kein Hindernis vor, auch dem ganzen Gesetz, wo es als solches kurzweg in seiner Einheit genannt wird, diese Bestimmung zuzuschreiben. In dieser Hinsicht kann sogar e i n e Bedeutung des νόμος in die andre übergehn (Gal. 2, 15—16). Das ganze Gesetz, als die Sünde bewirkend, wirkt natürlich im Gewissen auch die Erkenntnis der Sünde (Röm. 3, 20) und Gottes Zorn (Röm. 4, 15). Das ganze Gesetz ist nicht imstande, Leben zu schaffen — (Gal. 3, 21), sondern es tötet, d. h. wirkt den Tod, weil es nicht erfüllt werden kann und doch als γράμμα, als geschriebenes, verpflichtendes Recht Geltung hat (2. Kor. 3, 6 u. A.). Das ganze Gesetz ist daher ein Zuchtmeister auf Christum hin; es beweist durch seine Unerfüllbarkeit, daß etwas Anderes nötig war, nämlich daß wir aus dem Glauben d. h. durch den Pneumaempfang wirklich und in Gottes Urteil Rechtbeschaffene würden. (Gal. 3, 24; Röm. 3, 18—32; 2, 11—16). Denn aus Werken des Gesetzes wird nicht für rechtbeschaffen erklärt werden jegliches Fleisch (Gal. 2, 16), die Juden so wenig als die Heiden (Röm. 3, 9—20). — (Im Uebrigen muß an jeder Stelle der Zusammenhang ergeben, ob das Gesetz als rituelles, als sittliches oder als Ganzes gemeint ist.)

Doch damit ist die unheilvolle Wirkung des Gesetzes noch nicht erschöpft. Indem es zur S ü n d e zwingt, zwingt es auch zur S ü n d e n s t r a f e. Es hat nicht nur e t h i s c h e Gewalt, sondern auch forensische. Es ist nicht nur νόμος τῆς ἁμαρτίας, sondern auch νόμος τοῦ θανάτου (Röm. 8, 2). Das Gesetz hat in sich das Urteil und fordert die Verurteilung, die Strafe (Rom 5, 12, 14). Der Buchstabe wirkt nicht nur S ü n d e, sondern geradezu den Tod. Er reizt nicht nur zur Sünde, ja zwingt dazu, sondern er bringt auch die begangene Sünde zur Erkenntnis, und zwar zur Erkenntnis, ihrer übermäßigen Sündigkeit; d. h. er spricht über sie das richterliche Urteil.

Wir wollen uns den Unterschied zwischen ethischer und forensischer Gewalt der Sünde resp., des Gesetzes, als äußerst wichtig für später merken.

So verhält sich der unerneuerte Mensch zu dem Gesetz. Wie aber, wenn er das Pneuma empfangen hat?

Wir denken zunächst an das sittliche Gesetz. Und da lautet die selbstverständliche Antwort: Wir erfüllen die ethischen Gebote, weil wir ἐν Χριστῷ sind, indem wir gemäß dem Pneuma wandeln (Röm. 8, 4). Wir sind jetzt zu Sklaven gemacht dem Zustand der Rechtbeschaffenheit, wie wir vorher Sklaven der Sündigkeit waren (Röm. 6, 19—22). Das heißt, wir empfinden jetzt einen ebenso unwiderstehlichen Zwang zur Erfüllung der göttlichen Gebote, wie vorher zur Uebertretung. Die Liebe wohnt in uns; in der Liebe aber ist die Erfüllung des gesamten sittlichen Gesetzes gegeben (Rom 13, 8—10; cf Gal. 5, 14). Wir erfüllen damit das Gesetz Christi (Gal. 6, 2), weil es ja die Liebe Christi ist, die uns treibt. Dagegen der Sünde sind wir abgestorben (Röm. 6, 2). Wir bleiben in all unsern Handlungen rechtbeschaffen vor Gott.

Freilich ganz anders wird unsre Stellung zum rituellen Gesetz. Dieses erfüllen wir nicht mehr, ja wir brauchen es nicht mehr zu erfüllen. Weshalb nicht? ἐν Χριστῷ ist es abgethan (2. Kor. 3, 14). Christus ist des rituellen Gesetzes (nicht des sittlichen!) Ende (Röm. 10, 4). Wir werden hierauf noch zurückkommen.

Womit will aber Paulus diese Freiheit der Christen vom rituellen Gesetz beweisen? Wir werden später sehen, daß er die Thatsache des Todes Christi zuhilfe nimmt. Aber seine Gewißheit, wenn sie auch durch Hinweis auf diese Thatsache apologetisch sich stützt, beruht nicht auf ihr. Sie ist ihm erfahrungsgemäß ἐν Χριστῷ gegeben. Er hat es in seinem Gewissen erlebt, daß die ethische Erneuerung oder die πίστις, wie er es gerne nennt, zum Heil genügt. Daher kann er das Festhalten von Christen und Juden am rituellen Gesetz nicht anders begreifen als daß eine Decke auf ihren Augen liegt. Es ist ihnen einfach nicht offenbart, nicht in der inneren Erfahrung gegeben, daß ἐν Χριστῷ die Riten nichts mehr gelten (2. Kor. 3, 14—16), nichts mehr gelten dürfen. Seine Ueberzeugung, daß es keinen Unterschied der Speisen mehr giebt, braucht er nicht immer durch logische Beweisgründe zu stützen. Er hat sie empfangen ἐν κυρίῳ Ἰησοῦ (Röm. 14, 14). Nicht theologische Reflexion hat ihm seine Beurteilung der Riten eingegeben, sondern göttliche Offenbarung. Wir stehen hier vor demselben Akt Gottes wie da, wo wir Paulus die Wertlosigkeit der Ekstase behaupten sahen.

Allein wenn wir auf das Gesagte zurückschauen, so wird es uns doch in einem Punkte etwas unbehaglich sein. Die Allgemeinheit der Sünde bei allen Menschen, so daß jeder Unerneuerte ein Sünder ist, geben wir zu. Aber daß jeder Mensch nur Sünder sei, daß stets die Sündigkeit über den νοῦς den Sieg davontrage das non posse non peccare jedes Menschen, das halten wir doch für eine Uebertreibung. Man möchte versucht sein, zu leugnen, daß Paulus sich überhaupt dieser Uebertreibung schuldig gemacht hätte. Aus Röm. 2, 14 könnte man lesen, auch die unbelehrten Heiden erfüllten die Forderungen des sittlichen Gesetzes wenigstens teilweise. Röm. 5, 6 werden wir bloß schwach genannt. Allein dagegen stehn doch wieder so bestimmte Ausdrücke, besonders der Gebrauch von ὑπὸ νόμον statt ὑφ' ἁμαρτίαν, daß man schließen muß, jede Gesetzesäußerung, jedes Gebot führe zur Thatsünde. Auch die Ausdrücke von Königsherrschaft u. s. w. versteht der Orientale nur im Sinne absoluter, uneingeschränkter Gewalt.

Aber wie kommt Paulus zu dieser Uebertreibung? Es hat den Anschein, als ob die Spekulation ihn verschulde: weil durch Christus alles vollkommen wird, ist ohne Christus alles absolut schlecht. Allein die Spekulation erfordert als Hintergrund der Erlösung nicht die absolute Sündigkeit, sondern nur die thatsächliche. Die δικαιοσύνη θεοῦ ist ethische Vollkommenheit. Ohne dieses Gottesgeschenk sind wir unvollkommen, Sünder, zum Leben nicht fähig. Unsere Unrechtbeschaffenheit beweist die (Notwendigkeit der) δικαιοσύνη (Röm. 3, 5). An zahlreichen Stellen sagt Paulus, daß, wenn der Mensch aus Werken gerecht würde, die Erlösung unnötig wäre. Er behauptet auch aus diesem spekulativen Grunde, nicht bloß im Hinblick auf die thatsächlichen Verhältnisse, die Allgemeinheit der Sünde d. h. daß Niemand aus seinen eigenen Gesetzeswerken, sittlichen wie rituellen, vor Gott als rechtbeschaffen anerkannt wird. Allein dazu hätte auch schon die geringere Behauptung genügt, der Mensch sei überwiegend sündig, nicht daß jeder ethische Lebensprozeß zur Sünde führe. Schon die geringste Sünde schließt uns nach Pauli Voraussetzung vom Prädikat der δικαιοσύνη, also auch vom ewigen Leben aus. Er hätte nicht notwendig gehabt, eine absolute Sündhaftigkeit zu postulieren. Auch möchte ich noch etwas anders geltend machen. Die Darstellung Röm. 7 schließt mit dem grellen Aufschrei: Ich elender Mensch, wer wird mich erlösen von diesem Todesleib? Und darauf folgt, in tiefem, hörbarem Aufatmen der heiße Dank: Dank sei Gott, durch Jesus Christus (bin ich erlöst). Das ist nicht mehr Spekulation. Das sind Erlebnisse. Paulus erzählt seine eigenen Erfahrungen. Er erzählt sie als ein Erlöster. Jetzt erst werden ihm seine Sünden offenbar, der Trotz seiner Sinnlichkeit, welche jeden Reiz, trotz der Mahnung des Gewissens, zur Thatsünde werden ließ. Haben wir nicht im Kap. 9 gesagt, erst der Erneuerte habe die volle Sündenerkenntnis, weil er das volle Ideal besitze? Hier finden wir bei Paulus die Bestätigung. Daß er bei der Schilderung seines früheren sündigen Zustandes sogar übertreibt, darf uns nicht wundern. Wer vom Licht aus ins Dunkel schaut, sieht die Finsternis doppelt finster. Wer als Bekehrter seine confessiones schreibt, wird eher zu hart gegen sich werden als zu milde. Leidenschaftliche Anklagen sind immer ungerecht. Und Röm. 7 ist eine leidenschaftliche Selbstbeschuldigung. Paulus hat nicht um ihrer willen bei K. 7 die Feder angesetzt. Er will vielmehr bei dem τί οὖν ἐροῦμεν ganz kühl demonstrieren, daß das göttliche Gesetz nicht ἁμαρτία sei; er hat die Absicht, zu zeigen, daß nicht der νόμος, sondern die Uebermacht der ἁμαρτία die Thatsünde verschulde. Der νόμος erweckt ja den νοῦς ebenso wie die ἁμαρτία zur Thätigkeit. Aber allein das Uebergewicht der ἁμαρτία gegenüber dem schwächeren νοῦς führt zur Thatsünde. Das will Paulus demonstrieren. Aber die durch das trockene τί οὖν ἐροῦμεν eingeleitete Erörterung wird sofort und unvermittelt (cf. 1. Kor. 15, 8 f.) zur leidenschaftlichen, selbstanklagenden Confessio, die sich steigert bis zu dem Aufschrei in B. 24. Die Wucht schwerer Erinnerungen überwältigt den Apostel. Es bedarf nur eines geringen Anlasses, um die herbe Selbstanklage hervorzurufen. Wir sehen daraus, daß wir in Röm. 7 und ähnlichen harten, übertreibenden Ausdrücken keine lehrhafte Abhandlung, sondern Ergüsse eines ehemals verwundeten, jetzt geheilten, aber geschärften Gewissens haben. Solchen Stimmen lauschen wir ehrfurchtsvoll, mit gefalteten Händen, schweigend auch dann, wenn uns dünkt, der Erzähler male zu schwarz. Aber dann hingehn und aus den glühenden Worten des Apostels ein kaltes Dogma zu formen, erscheint unangebracht.

---

11. Kapitel.

Metaphysische Herleitung der sündigen Anlage.

Im vorigen Kapitel hat Paulus uns gelehrt, die sündige Anlage habe im Menschen ein Uebergewicht über den νοῦς, die Anlage zum Guten. Wir werden weiter fragen: Wie kommt sie zu diesem Uebergewicht? Damit wir aber diese Frage beantworten können, müssen wir zuerst die Frage nach dem Ursprung der sündigen Anlage erledigen. Wir werden nämlich finden, daß es ein Mißverständnis ist, wenn man Anlage und Uebergewicht verwechselt.

Paulus hat die sündige Anlage metaphysisch begründet durch unsere Fleischesnatur. Metaphysisch nenne ich diese Herleitung, weil sie ausgeht von dem metaphysischen Gegensatz von Fleisch, und (menschlichem) Geist. Paulus nimmt an, die ἁμαρτία habe ihren Sitz und Ursprung im Fleisch, im Leib, in den Gliedern. Dies näher zu belegen, erlasse ich mir, unter Hinweis auf die klaren Ausführungen Pfleiderers in seinem Paulinismus (2. A. S. 60 f.). Ich bin ganz der Meinung dieses Gelehrten: „Je nachdem entweder bloß auf jene physische Seite (des Fleischesseins) als solche oder aber auf ihre Folge und Macht für das moralische Leben reflektiert wird, kann σάρξ bald im indifferenten Sinne von Leibesleben überhaupt, bald im moralischen Sinne von Sündenprinzip gebraucht werden (S. 68)." Nur möchte ich anstatt Sündenprinzip, welches zu viel sagt und doch ungenau, lieber setzen: Ursache des sündigen Triebes.

Dagegen kann ich nicht mit Pfleiderer diese paulinische Meinung von der σάρξ aus der durch Weber bekannten palästinensisch-rabbinischen Jezer-Lehre herleiten. Allerdings gab es nach Weber jüdische Theologen, welche in dem Menschen zwei Triebe annahmen, den guten und den bösen Jezer; auch haben die Rabbinen — nicht grundsätzlich, aber häufig — den bösen Trieb in der Fleischesnatur des Menschen begründet (S. 220, 162, 222, 214 u. A.) Allein es lassen sich auch Stimmen hören, welche von dieser metaphysischen Ableitung nichts wissen, sondern den ganzen Adam zu beiden Jezer in demselben Verhältnis denken; der gute wohnte in der rechten, der böse in der linken Brust (S. 208). Und wenn die Sündlosigkeit der Engel in dem Fehlen des Erdenstoffes begründet sein soll, wie wollen die Rabbinen trotzdem den allgemein vorausgesetzten Sündenfall der Engel erklären?

Aber selbst wenn der Talmud einstimmig die Sündigkeit der Menschen auf ihrer Fleischesnatur beruhen ließe, so bliebe erst noch zu untersuchen, ob diese Aeußerungen schon in die Zeit vor Paulus zu datieren wären. Eine solche Untersuchung aber ist nicht direkt ausführbar, weil wir die Entstehungszeit der einzelnen talmudischen Abschnitte überhaupt nicht sicher bestimmen können. Dagegen läßt sich darthun, daß das schriftstellernde Judentum zur Zeit des ersten christlichen Jahrhunderts von der rabbinischen Jezerlehre nichts weiß. Dieses Judentum hat nicht eine Ahnung davon, daß notwendig im Menschen ein sündiger Trieb sein müsse, geschweige denn, daß es denselben gar von der Fleischesbeschaffenheit ableitete. Heilsam sind die Geburten der Kosmos, und nicht ist in ihnen Gift des Verderbens noch des Hades Königsmacht auf Erden (Soph. Sal 1,14). Nur durch des Teufels Neid ist die Sünde in die Welt gekommen (2, 24.) Gott hat den Menschen geschaffen zum ewigen Leben und hat ihn gemacht als ein Bild seines eigenen Wesens (2, 23.). Salomo ist überzeugt, eine gute Seele und daher auch einen unbefleckten Leib erhalten zu haben (8, 19). Gott hat den Menschen geschaffen zu guten Dingen (9, 2 f.). Der Mensch kann vollkommen sein (9, 6). Daher wäre es unbegreiflich, sollte an der bekannten Stelle (9, 14—15) das $\gamma\epsilon\tilde{\omega}\delta\epsilon\varsigma$ $\sigma\kappa\tilde{\eta}\nu\sigma\varsigma$ den $\nu\sigma\tilde{\upsilon}\varsigma$ $\pi\sigma\lambda\acute{\upsilon}\varphi\rho\omega\nu$ mit S ü n d e n belasten. In Wirklichkeit handelt es sich im Zusammenhang nicht um Sünden, sondern um mangelhafte Erkenntnis, welche allerdings darin beruht, daß der Mensch, als ein Erdgeborener, auch nur in irdischen Dingen Bescheid weiß.

Ebenso lehrt Soph. Sirac, dem Menschen hingen von der Schöpfung her, keinerlei Sünden an; sein Schicksal liege in seiner Macht (10, 18—19; 15, 14—17, 21). In 17, 31 ziehe ich die Lesart A C ($\pi \text{ο}\nu\eta\rho\grave{\text{ο}}\nu$ $\grave{\epsilon}\nu\vartheta\upsilon\mu\eta\vartheta\acute{\eta}\sigma\epsilon\tau\alpha\iota$ $\sigma\acute{\alpha}\rho\xi$ x. $\alpha\tilde{\iota}\mu\alpha$) vor. Aber σ. x. αἷμα bedeutet nichts anderes als das irdische Menschengeschlecht und der Sinn ist: Wenn selbst der himmlische, glänzende Lichtkörper der Sonne zuweilen sich verfinstert, so wird Gott es dem irdischen Menschen umsomehr nachsehen, wenn er böses erstrebt. Jedenfalls, wenn auch himmlische Wesen Flecken zeigen, wird die Sündigkeit nicht auf irdischer Fleischesnatur beruhen. Nur ungenügendes Erkennen hat darin seinen Grund (Vers 17, 32). Die Stelle 28, 5 versteht unter σάρξ nichts als den Menschen, mit dem Hinweis darauf daß der Mensch (cf. B. 6) als σάρξ sterben muß. Das Buch der Jubiläen führt die Sünde nicht auf das Fleisch zurück, sondern im Gegenteil auf den Einfluß der über den Menschen gesetzten bösen Geister. Die Erzählung der Schöpfung hätte zudem, wäre der Gedanke überhaupt vorhanden gewesen, den ethischen Charakter der Fleischesnatur gewiß berührt (Dillmann, Jahrb. d. bibl. Wiss. 1849, S. 234; 1850, S. 10). Dann aber hätte auch Abraham nicht vollkommen sein können (S. 23). Auch das vierte Buch Esra geht denselben Gedankengang. Nicht in sein Fleisch, sondern ins Herz wurde dem Adam der böse Same gelegt. Am ersten Sündenfall ist nicht das Fleisch, sondern die Unweisheit schuld. (Ausg. v. Volkmar, 1863, S. 220, 239). Selbst aus dem verworrenen Buche Henoch geht klar hervor, daß die Menschen nicht anders als die Engel geschaffen wurden, damit sie rein und gerecht blieben. Nur durch ihr Wissen sind sie dem Tode verfallen. Es giebt ein Fleisch, das Gott erzürnet hat und ein Fleisch der Gerechtigkeit (Ausg. v. Dillmann, 1853, cp. 69, S. 39, cp. 83, S. 55). Die Sünde wurde nicht auf Erden geschickt, sondern die Menschen haben sie aus ihrem Kopfe geschaffen (cp. 98, S. 71). Die Testamente der 12 Patriarchen lehren, die ἐπιθυμία und damit alle Sünden seien durch Engel gewirkt; zum Guten besitzt der Mensch vollste Freiheit (Ausg. v. Sinker 1869, 130 β f.; 132 δ f.). Z. B. in Joseph wohnte nichts Schlechtes (136 ε.) Nicht Sündigkeit, sondern Irrtum wohnt im Fleisch. Durch Verblendung und falsche Vorspiegelungen verleiten die Engel uns unwissende Menschen (cf. S. 170 d.; 168 D; 169). Aber von Natur sind wir gut (cf. Das Selbstlob des Isaschar 163, 164). Auch Mose Prophetie und Himmelfahrt enthalten nichts über die Sündigkeit der σάρξ.

Was bedürfen wir weiter Zeugnis? Die Jezerlehre des Talmud muß einer späteren Zeit entstammen. Möglich, daß sie durch die Alexandriner beeinflußt wurde. Aber die rabbinische Schriftstellerei der Zeit des ersten Jahrhunderts zeigt in diesem Punkte weder den Einfluß Philo's noch der uns heute bekannten Talmudisten. Es ist daher auch sehr unwahrscheinlich, daß Paulus von den Rabbinen oder von Philo gelernt habe. Wenn es die jüdischen Schriftsteller nicht thaten, darf es von Paulus noch weniger erwartet werden.

Aber woher hat er dann wohl seine σάρξ-Lehre? An das alte Testament ist nicht zu denken, das hat Wendt[1] klar nachgewiesen. Das alte Testament wandelt vielmehr den jüdischen Apokryphen voraus. Also woher?

Ich weiß nicht, weshalb denn Paulus absolut bei Andern in die Schule gegangen sein müsse. Dies anzunehmen wäre man nur dann berechtigt, wenn die paulinische Lehre aus seiner sonstigen Gedankenwelt nicht zu erklären wäre oder gar mit ihr im Widerspruch stünde. Das ist aber durchaus nicht der Fall. Wir

---

[1] Die Begriffe Fleisch und Geist im biblischen Sprachgebrauch (1878).

sind vielmehr imstande, die σάρξ-Lehre unsres Apostels gar leicht aus ihm selbst heraus als folgerecht zu erweisen. Jedoch müssen wir zu diesem Zweck nochmals auf die Anthropologie des Paulus zurückkommen.

Nur wolle man nicht von dem pharisäisch gebildeten Teppichweber eine schwierige, complicierte, philosophische, verästelte Anthropologie erwarten. Wo hätte er denn dieselbe lernen, wen denn lehren sollen? Die paulinische Lehre vom Menschen ist vielmehr die des populären Bewußtseins bis auf diesen Tag.

Der Mensch besteht aus zwei Teilen, aus dem inwendigen und dem auswendigen Menschen (Röm. 7, 22; 2. Kor. 4, 16). Der auswendige heißt L e i b nach seiner Organisation, F l e i s c h nach seiner Materie, G l i e d e r nach seinen Bestandteilen. Der inwendige heißt S e e l e oder (menschliches) Pneuma, oder Herz, oder νοῦς. Diese verschiedenen Benennungen wollen in der Regel den Menschen als Ganzes durch die Bezeichnung eines Teiles — pars pro toto — nach einer gewissen Seite hin bezeichnen. Ψυχή drückt nun zunächst den Begriff des L e b e n s aus (Röm. 16, 4; 2. Kor. 1, 23; Phil. 2, 30; 2. Kor. 12, 15? cf. 1. Kor. 15, 45.); πνεῦμα den des natürlichen L e b e n s g e f ü h l s (1. Kor. 16, 18; 2. Kor. 2, 13; 2. Kor. 7, 13; καρδία den des verborgenen Geisteslebens gegenüber dem äußerlichen Menschen (1. Kor. 14, 25; 2. Kor. 6, 11; 5, 12; Röm. 2, 29; 1, 17; 8, 27; 10, 6, 9; 1. Kor. 4, 5; 2, 9); νοῦς den des Denkens und der durch Denken gewonnenen Ueberzeugung (Röm. 14, 5; 1. Kor. 1, 10; Rom 12,2. Allein es kann auch wieder, jede Benennung für die andre eintreten. Das sittliche Gesetz ist ebenso im νοῦς aufgezeichnet wie in der καρδία (Röm. 2, 15; 7); unter einem ἀδόκιμος νοῦς wird wohl das Gleiche wie mit ἀδόκιτος καρδία verstanden sein (cf. Röm. 1, 28 und 1, 21). Die Einsicht hat ihren Sitz ebenso in der καρδία (2. Kor. 3, 15) wie im νοῦς. Das Wollen fließt ebenso aus dem νοῦς wie aus dem καρδία (cf. 1. Kor. 4, 5; 2. Kor. 9, 7; 1. Kor. 7, 37; Röm. 1, 24; 10, 1 und Röm. 1, 28; 11, 34). Νοῦς kommt in der Bedeutung von πνεῦμα vor und wird für dieses aus rhetorischen Gründen gesetzt (1. Kor. 2, 16: νοῦς Χριστοῦ = πνεῦμα Χριστοῦ gegenüber der mangelnden Einsicht des psych ichen Menschen); auch πνεῦμα heißt Leben im Sinne von ψυχή (1. Kor. 5, 5; cf. 2. Kor. 12, 15); μιᾷ ψυχῇ (Phil. 1, 27) entspricht dem andern: ἐν τῷ αὐτῷ νᾷ (1. Kor. 1, 10). — Wenn nun eine Seite für die andre gesetzt wird, so geht daraus hervor, daß sie nicht grundsätzlich von einander verschieden sind, sondern alle ein Gemeinsames haben, vermöge dessen sie einander vertreten können. Und diese Gemeinsamkeit besteht darin, daß sie alle gelegentlich d e n g a n z e n i n n e r e n M e n s c h e n bedeuten, den ganzen menschlichen Geist, und zwar im Gegensatz sowohl zum menschlichen L e i b als auch zum G o t t e s g e i s t. Ψυχή stellt das gesamte Geistesleben des Menschen dem göttlichen Pneuma gegenüber: 1. Kor. 15, 44 f.; 1. Kor. 2, 14. Das Pneuma des Menschen meint den ganzen inneren Menschen gegenüber der σάρξ resp. σῶμα: 1. Kor. 7, 34; gegenüber dem göttlichen

Pneuma: Röm. 8, 16; 1. Kor. 2, 11 f. Νοῦς als ganzer innerer Mensch gegenüber dem göttlichen Pneuma: Phil. 4, 7 (pneumatisch gewirkte εἰρήνη!); 1. Kor. 14, 14; νοῦς als ganzes Geistesleben gegenüber dem äußeren Menschen: Röm. 7, 22 f; καρδία gegenüber dem göttlichen Pneuma an den Stellen, wo vom Kommen des Pneuma in unser Herz die Rede ist. (Gal. 4, 6; Phil. 4, 7).

Daraus scheint mir zu folgen, daß Paulus keine andre anthropologische Anschauung hat als die bekannte, zu allen Zeiten populäre zweiteilige: Der Mensch besteht aus Leib und Seele; nur daß der Apostel, wie den äußern, so auch den innern Menschen an verschiedenen Orten verschieden bezeichnet. Das thun wir übrigens auch. Keinen modernen Erbauungsschriftsteller wird man daraufhin untersuchen, ob er sich unter den Worten. „Seele, Geist, Herz, innerer Mensch u. s. w." jedesmal derartig verschiedene Dinge gedacht hat, daß man etwa eine wissenschaftliche Anthropologie daraus konstruieren könnte.

Aus der zweiteiligen paulinischen Anthropologie folgt endlich noch der Umstand, daß er wiederum — pars pro toto — mit einem Teil das Ganze bezeichnen kann. Fleisch und Blut bedeutet den ganzen Menschen in Gal. 1, 16, ψυχή den ganzen Menschen 1. Kor. 15, 45. πᾶσα ψυχή und πᾶσα σάρξ (cf. Rom. 13, 1 mit 3, 20; 1. Kor. 1, 29; Gal. 2, 16) genau ebenso. Wo in diesem Sinne von der ψυχή geredet wird, muß eben auch der entsprechende menschliche Fleischesleib hinzugedacht werden. (1. Kor. 15, 44—49) und umgekehrt. Mit ψυχικός ist daher das Gleiche wie mit σαρκικός oder σάρκινος gemeint, ja Eines kann geradezu für das Andre stehn.

Also der Mensch besteht aus zwei Teilen, dem äußeren, dem Leib oder Fleisch oder den Gliedern und dem inneren, der Seele, oder dem νοῦς, oder der καρδία oder dem menschlichen πνεῦμα. Und nun lehrt Paulus: Gemäß dem inneren Menschen stimmen wir dem Gesetz zu, gemäß dem äußeren aber dem Verbotenen. Wie kommt der Apostel dazu?

Nicht durch Erfahrung. Wohl giebt es Sünden, die ihre äußere Veranlassung in körperlichen Begierden haben, z. B. die Sünden der Unzucht und der Völlerei. Aber abgesehen davon, daß hier das Sündigen nicht in Befriedigung körperlicher Bedürfnisse überhaupt, sondern in der widergöttlichen Art der Befriedigung besteht, kennt Paulus auch solche Sünden, welche im Fleisch, im Körper, absolut nicht begründet sind, mit der σάρξ gar nicht zusammenhängen, z. B. Röm. 1, 28—31; diese Sünden kommen vielmehr aus dem ἀδόκιμος νοῦς (V. 28). Und dennoch schreibt Paulus alle Sünde dem Fleisch zu, so daß Fleisch und Sünde an vielen Stellen geradezu als identisch gebraucht werden. Wie kommt das? Er f a h r u n g sämmtlicher Sünden als Fleischessünden kann nicht vorliegen. Daher ist eine paulinische S p e k u l a t i o n als Ursache seiner Fleischeslehre zu vermuten. Und diese Spekulation läßt sich leicht erraten.

Wir müssen nämlich wissen, welch große Rolle im jüdischen Denken die Frage und Klage um die Vergänglichkeit des menschlichen Lebens spielt, wie sehr der Jude als sinnlicher Naturmensch an langem Leben hing; daher auch in seinem religiösen Gesichtskreis das lange Leben als höchster Lohn der Gottesfurcht, der Tod als höchste Strafe des Gegenteils im Vordergrund standen. Diese Bewußtseinswelt hat sich, wie bei W e b e r nachzulesen ist, derart befestigt, daß man jeden Todesfall als direkt durch eine bestimmte Sünde gewirkt betrachtete (cf. auch 1. Kor. 11, 30).

Nun aber lag für die zum Christentum übertretenden Juden die Frage nahe: Wenn wir ἐν Χριστῷ vor Gott wirklich δίκαιοι sind, wozu müssen wir doch das Schicksal der Ungerechten, den T o d erdulden? Der Tod des Leibes blieb dem Christ gewordenen Juden, oder dem mit jüdischem Geist getränkten Heiden ein Aergernis. Die eschatologische Frage 1. Kor. 15, 35, welche wohl die Grundfrage des ganzen Abschnittes bildet, geht aus von der Thatsache, daß dieser Leib stirbt. Denn mit welchem Leibe werden wir dann auferstehen? Paulus muß seinen Lesern klar machen, daß es außer den irdischen Leibern noch himmlische giebt. Daher wird man es für wahrscheinlich halten dürfen, daß auf vielen Lippen die stumme Frage schwebte, weshalb denn der Leib trotz des innewohnenden Pneuma, trotz des δικαιοσύνη, sterben müsse?

Auf diese Frage hat Paulus eine ganz einfache Antwort: Der Leib ist tot um der Sündigkeit willen (Röm. 8, 10). Hier haben wir den Schlüssel zu seiner σάρξ-Lehre. Die σάρξ muß deshalb sterben, weil s i e Trägerin des sündigen Hanges ist und auch beim Pneumatiker sogar bleibt. Weil das Fleisch an der Nichterfüllung des Gesetzes schuld ist, muß es auch das Urteil tragen (1. Kor. 15, 50). Und aus dem Urteil, den Folgen ergiebt sich der Charakter. Die Folgen, der Tod des Leibes, müssen erklärt werden als Folgen von Sündigkeit. Der Leib hat jedenfalls sein Schicksal verdient. Dieser Schluß ist urhebräisch und urpaulinisch. Nicht nur wird überall bei Paulus der Zusammenhang zwischen Sünde und Tod ausdrücklich hervorgehoben, sondern beide fließen durch dieselbe Bezeichnung in einander über. Das Wort ματαιότης (Röm. 8, 20), Vergänglichkeit, besitzt unmittelbar schon den ethischen Beigeschmack von Verkehrtheit (Eph. 4, 17). Anstatt zu sagen: Ich fiel in Sünde, sagt Paulus: Ich starb (Röm. 7, 10). Das Gesetz, als vergänglich, wird κατάκρισις, ja θάνατος genannt (2. Kor. 3, 7, 9). Wenn Paulus ausdrücken will, der Gedanke des Fleisches sei Sünde (Röm. 8, 7), so schreibt er (V. 6): „Der Gedanke des Fleisches ist Tod", obgleich das Fleisch doch nach physischem L e b e n trachtet. „Die Sündhaftigkeit tötete mich" heißt: Sie ließ mich in Thatsünde fallen (Röm. 7, 11). Der Leib wird Leib des Todes genannt, obwohl damit nur die Sündigkeit soll hervorgehoben werden. (Röm. 7, 24).

Da dürfen wir denn also die Wendung wohl erwarten, daß der Leib, als

Leib des Todes, auch Leib der Sünde genannt wird. Nun könnte man vielleicht entgegnen, das Fleisch verliere ja seinen sündigen Charakter, wenn das Pneuma in uns wohne. Allein dann würden wir den Apostel nicht richtig verstehen. Dem Fleisch hängt die Sündigkeit als sein Wesen an. Der sündhafte Trieb bleibt im Menschen, so lange er lebt. (Gal. 5, 17 f.) Aber durch den Besitz des Pneuma ist die Uebermacht des Fleisches über den νοῦς gebrochen. ¹ Mit dem Pneuma ertöten wir die Praktiken des Fleischesleibes (Röm. 8, 13), wenn auch nicht das Wesen des Fleisches. Dieses vielmehr bleibt; würde es nicht geblieben sein, so wäre die Tötung der Praktiken nicht mehr nötig.

Demnach also liegt kein Hindernis vor, den Todesleib als Sündenleib anzusehen, wie auch sonst die Bezeichnung des Todes diejenige der Sünde geradezu ersetzen kann. Was stirbt, muß auch sündig gewesen sein. Der Leib, weil er stirbt, ist auch Träger der Sünde.

Man wird fragen, weshalb gerade Paulus zu solchem Schlusse kam? Man dürfte diesen, da er ganz in jüdischem Denken begründet liegt, vielleicht schon im alten Testament oder doch im Judentum erwarten. Weshalb ist er dort nicht zu finden? Deshalb, weil der Schluß erst dann möglich wird, wenn eine feste und farbenreiche Unsterblichkeitshoffnung vorhanden ist. Bei Paulus wurde diese Hoffnung zur Gewißheit. Die Seele wird weiter leben, denn sie ist erfüllt vom göttlichen Pneuma und sündlos. Das Schicksal der Seele ist damit von dem offenbar vor Augen liegenden Schicksal des Leibes so sehr getrennt, daß ein einigermaßen nachdenkender Mensch billig fragen muß, woher denn diese exorbitante Verschiedenheit komme. Zu dieser Frage sah sich aber das Alte Testament nicht veranlaßt, denn seine Unsterblichkeitshoffnung war auch in späterer Zeit schwach. Auch das Judentum kam nicht über vage Hoffnungen hinaus. Erst das Christentum hat mit der zur sichersten Gewißheit erhobenen Hoffnung auf die Fortdauer der Seele Anlaß gegeben, sich nach der Ursache des traurigen Schicksals des Leibes zu befragen.

Es liegt freilich auf der Hand, daß die paulinische Antwort auf diese Frage nicht genügt. Sie führt dazu, daß die Sünde, ein ethisch-religiöser Begriff, metaphysisch, durch den Charakter des Fleisches gegenüber dem Geist erklärt wird. Wir dürfen auch hier getrost erwarten, daß die metaphysische Decke zu kurz sei. Und so ist es auch. Nicht die Fleischesbeschaffenheit, sondern der widergöttliche Eigenwille ist Ursache der Sünde. Nicht in der Beschaffenheit des Leibes, sondern

---

¹ Röm. 7, 25 b kann ich nur als Frage, als Einwurf verstehen: Sollte ich, ich selbst als Pneumatiker (noch) wie ein Unerneuerter mit dem νοῦς dem Gesetz Gottes dienen mit dem Fleisch aber dem Machtgebot der Sünde? Die Antwort ist in unserm Texte ausgefallen. Sie müßte lauten wie in Röm. 6 als ein entschiedenes: Das sei ferne. Und den Beweis dafür liefert Paulus in Röm. 8.

des menschlichen Charakters liegt ihr Anlaß, in unserm Dichten und Trachten. Wir merken also auch hier, wie im Kap. 9, daß, wenn metaphysische Voraussetzungen religiöse oder ethische Thatsachen begründen, Fehler zutage treten. Zum Glück kommt es bei unsern Heilserfahrungen gar nicht darauf an, woher wir den Trieb zur Sünde ableiten. Das ist eine theologische, nicht eine Heilsfrage. Und in theologischen Dingen darf Verschiedenheit der Meinungen herrschen, ohne daß die religiöse Heilsgewißheit auch nur in mindesten alteriert würde. Ich kann mich als Sünder und als Erlöster fühlen ohne auch nur ein einziges mal in meinem Leben ein wissenschaftliches Nachdenken über die Ursache der Sünde angestellt zu haben.

Auch darf man wohl sagen, daß für die paulinischen Heilserfahrungen selbst diese metaphysische Herleitung der Sündigkeit aus der σάρξ vollständig gleichgiltig ist. Nur die Existenz, durchaus nicht aber die Uebermacht des sündigen Triebes wird Röm. 7 auf die Fleischesbeschaffenheit des Menschen zurückgeführt. Denn gleichwertig neben der σάρξ mit ihrer ἁμαρτία steht der νοῦς mit seiner Zustimmung zum Gebot. Nur liegt die Sache bei den Unerlösten so, daß der νοῦς auf sich allein angewiesen, der σάρξ unterliegt; dagegen wenn der νοῦς durch das göttliche Pneuma verstärkt wurde, so behält er das Feld über die Praktiken des Leibes, obwohl diese ungeschwächt vorhanden sind, als Begierden natürlich, die aber nicht mehr zur That werden (cf. Gal. 5, 17.) Also nicht in der Beschaffenheit des Fleisches liegt das Uebergewicht der Sünde, sondern in der Schwäche des νοῦς. Also wird auch aus der σάρξ nicht dies Uebergewicht der ἁμαρτία, sondern bloß ihr Vorhandensein abgeleitet. Freilich ist dann in Röm. 7 das behauptete Uebergewicht gar nicht begründet und erklärt. Dazu bedarf es vielmehr noch eines Hinweises auf Röm. 5, 12—21.

In diesem schwierigen Abschnitte wird von Adam gesagt: Durch einen Menschen kam die Sünde in die Welt und durch die Sünde der Tod; und so ist der Tod zu allen Menschen hindurchgedrungen, aufgrund dessen, daß sie alle gesündigt haben, (9, 12.) Also durch Adam kam die Sünde und die Sündenstrafe, das Sündenurteil in die Welt; und Sünde wie Sündenstrafe hat sich den Menschen mitgeteilt. Wie aber ist dies geschehen? Hier muß der Sündenfall Adams in Betracht kommen. Durch seinen Fall sind die Vielen gestorben (V. 15.) Aus Einem her wurde das Urteil zum Verurteilungsspruch (V. 16). Durch des Einen Fall erhielt der Tod Königsherrschaft, durch den Einen (V. 17). Durch des Einen Fall kam es zu allen Menschen hin zum Verurteilungsspruch (V. 18). Durch den Ungehorsam des einen Mensc'en wurden als Sünder hingestellt die Vielen (V. 19). Durch seinen Tod hat die Sünde (über Alle) strafende Königsherrschaft ausgeübt (V. 21). Denselben Sinn giebt 1. Kor. 15, 21—22, wo freilich ἐν τῷ Ἀδάμ eine bloß rhetorische Nachbildung von ἐν Χριστῷ ist, gleich δι' ἀνθρώπου in V. 21.

Zweierlei ist in diesen Aussagen enthalten: Daß wir Menschen allesamt

Sünder sind (V. 12, 21) und durch unsre eigene Sünde den Tod verdient haben. Das stimmt mit der hebräischen Ethik überein. Aber andrerseits wird auch gelehrt, durch den Fall Adams erfolge unsre Verurteilung. Wie kann Beides neben einander stimmen? Offenbar nur so, daß sowohl unsere Sünde wie Strafe gleichmäßig von Adams Fall abhängig ist. Die Sündenthat Adams muß die doppelte Folge gehabt haben, daß sowohl Adam wie wir, die Nachkommen Adams, sowohl allesamt durchaus Thatsünder wurden, während wir vorher nur die Lust zur Sünde hatten — neben der Lust zum Guten, als auch daß wir allesamt sterben. Letzteres folgt aus dem Ersteren. Ich kann mir diese Zusammenhänge nicht anders reimen als durch die Voraussetzung, daß durch Adams Fall sowohl mit seiner wie seiner Nachkommen Natur eine Veränderung vorging, indem das bloße V o r h a n d e n s e i n der Sündigkeit sich zu deren U e b e r m a c h t steigerte. W i e dies geschah, sagt Paulus nicht. Wahrscheinlich aber hat er, der Allegoriker, in den Fluch Gen. 3, 16—19 diese Umwandlung hineingedeutet, wie sich ja auch die jüdische Literatur sehr gern in Ausschmückung des ersten Sündenfalles ergeht.

Wir dürfen uns hierin nicht dadurch stören lassen, daß ja Paulus 1. Kor. 15, 48 unsre heutige Beschaffenheit derjenigen Adams v o r dem Fall gleichsetzt. Weshalb sollte er das nicht? Adam war irdischen Leibes vor dem Fall und nach demselben, wie wir es sind. An unsrer Leibesbeschaffenheit, dem Fleisch an sich geht nicht die geringste Veränderung vor, auch bei uns nicht, die wir das Pneuma empfangen. Die ἁμαρτία wohnt auch in uns noch. Aber was wir nicht mehr besitzen, das ist die Uebermacht der ἁμαρτία, die Schwäche des νοῦς. Diese Uebermacht lag nicht in der Fleischesbeschaffenheit a n s i c h , sonst wäre sie überhaupt nicht zu beseitigen, solange wir im Fleische, d. h. im irdischen Leibe wandeln. Sie liegt nur in einer Art Schwäche des νοῦς, des inneren Menschen, des menschlichen Pneuma, gegenüber der Lust, welche die σάρξ erregt. Ist aber der νοῦς, der innere Mensch, durch das Pneuma Gottes festgemacht (1. Kor. 1, 8), ist die Gnadengabe des Pneumachristus mit unserem menschlichen Pneuma (Gal. 6, 18), so töten wir die Praktiken des Leibes.

Man muß also Beides wohl unterscheiden: Die L u s t zur Sünde; diese kommt aus der σάρξ, wie die zum Guten aus dem inneren Menschen, dem νοῦς. Beide Triebe sind neben einander vorhanden. Aber etwas anderes ist die absolute U e b e r m a c h t der σάρξ über den νοῦς. Diese kommt nicht aus der σάρξ an sich, sondern daher, daß die σάρξ die Uebermacht über den νοῦς erst nachträglich erhielt; ebensowenig natürlich hat die später beim Pneumatiker vorhandene Uebermacht des νοῦς ihren Grund in diesem selbst, sondern in dem Pneumachristus, der jetzt unser beherrschendes Ich bildet. Nun aber ruht des Paulus Sündenlehre allerdings auf der Voraussetzung, die Sündenlust sei ü b e r m ä c h t i g im Menschen; sie beruht nicht darauf, daß sie überhaupt vorhanden sei, also nicht auf der σάρξ

Lehre. Wenn trotzdem von der σάρξ manchmal gesprochen wird als sei diese an und für sich Ursache der Uebermacht der Sünde, so drückt sich Paulus ebenso ungenau aus wie wenn er ὑπὸ νόμον gleichsetzt ὑφ' ἁμαρτίαν. Nicht an und für sich bewirkt das Gesetz die Herrschaft der Sünde; es bewirkt nur das Erwachen der sündigen Lust, wie anderseits das des νοῦς. Zur Sünde wird das Gesetz nur deshalb, weil aus andern Ursachen die σάρξ übermächtig ist über den νοῦς. Genau das Gleiche gilt von der σάρξ. Der Grund ihrer Uebermacht liegt außer ihr. Ἐν σαρκὶ ist noch lange nicht an und für sich gleich κατὰ σάρκα (2. Kor. 10, 3). Wenn es trotzdem so behandelt wird (z. B. Röm. 8, 8—9, cf. B. 4, 5, 12, 13), so drückt sich Paulus ungenau aus; ex eventu benennt er die causa, obgleich dieselbe am eventus nur zum kleinen Teil schuldig ist.

Indessen ist es ein Glück, daß die metaphysische Herleitung des Sündentriebes bei Paulus — wie manche andere — keinen Heilswert hat, ja nicht einmal spekulative Bedeutung besitzt. Denn Paulus geht in seiner Soteriologie nicht davon aus, daß die Sündigkeit als Anlage vorhanden ist — das wird erklärt aus der σάρξ; sondern davon, daß sie als alles bestimmende Macht vorhanden ist, und das wird aus der σάρξ nicht erklärt. Die σάρξ-Lehre liegt also gar nicht innerhalb der Heilserfahrungen, ja nicht einmal der soteriologischen theoretischen Postulate des Apostels. Sie bedeutet eine nur speziell, nicht allgemein veranlaßte Spekulation, eine Antwort auf die für Juden eminent wichtige spezielle Frage, weshalb denn der menschliche Leib auch dann sterben müsse, wenn die Seele gerettet wird.

Und nun sind wir imstande, die Heilsbedeutung des Todes Christi zu erwägen.

V. Teil.

Die Bedeutung des Todes Christi.

12. Kapitel.

Die religiös-ethischen Folgen des Todes Christi.

Die Bedeutung, die eine Thatsache für uns hat, liegt in den Folgen, die sie uns bringt. Auch Paulus schätzt daher die Bedeutung des Todes Christi nach ihren Folgen, oder, indem er dieselben als gottgewollt betrachtet, nach dem göttlichen Zweck, der sich in Christi Tod verwirklichte. Diese Folgen sind sowohl religiös-ethische als wie theologische, d. h. solche, welche unsre religiös-ethische Beschaffenheit, und solche, welche unser religiöses Denken beeinflussen.

Wenn er von dem Tode Christi redet, hebt Paulus in der Regel die gottgewollten Wirkungen dieses Todes als das Wichtigste hervor. Und zwar finden wir als die hauptsächlichste Wirkung genannt unsre **ethische Erneuerung**. Christus ist gestorben, damit wir nicht gemäß dem Fleisch wandeln, sondern gemäß dem Pneuma, damit unter uns (als dergestalt Wandelnden) die Forderung des ethischen Gesetzes erfüllt werde (Röm. 8, 4, 5); er starb, damit zu den Heiden hin der Segen Abrahams gelange..., damit wir die Verheißung des Pneuma annehmen, d. h. gläubig werden, d. h. das Pneuma selbst empfangen (Gal. 3. 14); oder: damit wir nicht mehr in Bosheit und Schlechtigkeit, sondern in Lauterkeit und Wahrhaftigkeit leben (1. Kor. 5, 7—8); oder, damit die Lebenden nicht mehr ihnen selbst leben, sondern dem, der zu ihren Gunsten gestorben und auferstanden ist (2. Kor. 5, 15); oder damit er uns (durch sein Einwohnen) entreiße aus diesem gegenwärtigen Aeon, der böse ist (wegen der Herrschaft der Dämonen), Gal. 1,4. Durch das Kreuz Christi ist mir die Welt gekreuzigt und ich der Welt (Gal. 6, 14). In allen diesen Aussprüchen ist mit verschiedenen Worten dasselbe gesagt: Christus starb, damit wir das Pneuma empfingen, damit Christus in uns lebe; dazu bin ich mitgekreuzigt (Gal. 2, 20). Als Folge des Todes empfangen wir sein Pneuma (Gal. 4, 6). Und ἐν Χριστῷ wird der Segen Abrahams zuteil (Gal. 3, 14). Durch seinen Tod werden wir ἐν Χριστῷ und damit δικαιοσύνη (2. Kor. 5, 21).

Freilich merken wir, daß hier die Ursache, der Tod Christi, und dessen Wirkung, das Pneumawerden und Einwohnen, nicht unmittelbar zusammenhängen. Es fehlt noch ein Verbindungsglied. Dieses aber finden wir in der Thatsache der Auferstehung Christi. Daher gehört Tod und Auferstehung zusammen. (Röm. 4, 25; 5, 10; 14, 9; 2. Kor. 5, 15) als gleichberechtigte Faktoren des Heilslebens; manchmal allerdings redet Paulus auch nur von dem einen Faktor, weil er sich den andern stillschweigend hinzudenkt. Vom Tode haben wir es bereits gesehen, aber auch die Auferstehung wird so behandelt (1. Kor. 15, 17; cf. Röm. 8, 34). Denn nur durch die Auferweckung, durch das Pneumawerden, war unsere Erneuerung und δικαιοσύνη möglich. Wir werden also zu dem Einen immer auch das Andere mitmeinen müssen.

Wenn wir durch die Auferstehung, rsp. den Tod Christi ethisch erneuert wurden, so nenne ich das ethische Folge. Nun aber müssen wir noch ausdrücklicher von der damit verbundenen **religiösen Folge** reden, d. h. davon, wie unsre neue ethische Beschaffenheit uns in ein neues Verhältnis zu Gott bringt. Wir nehmen damit das in Kap. 9 Gesagte wieder auf.

In dem Ausdruck δικαιοσύνη liegt ein Doppeltes: Erstens daß wir jetzt und in Zukunft thatsächlich ethisch so beschaffen sind, wie Gott uns haben will, recht-beschaffen. Sodann aber liegt darin auch noch das andere, daß wir auch bezüglich der **vergangenen** Sünden nicht mehr als Sünder gelten, sondern daß uns jene Sünden vergeben wurden. Der gleichen Erfahrung ist Paulus. Wir sehen dies ganz deutlich an folgenden Ausdrücken: die ἀπολύτρωσις, die Loskaufung von der Sündenschuld, gilt ἐν Χριστῷ (Röm. 3, 24), d. h. kraft der ethischen Erneuerung. Das uns bestimmende Machtgebot des Pneuma — ἐν Χριστῷ wird es gegeben — befreite uns nicht nur vom νόμος τῆς ἁμαρτίας, sondern auch vom νόμος τοῦ θανάτου, d. h. von der Sündenschuld (Röm. 8, 2 f.). Ἐν Χριστῷ sind wir heilig gemacht, worunter, im Hinblick auf die vohergehende Unreinheit jedenfalls auch die **Entsühnung** gemeint sein muß; durch den Namen des Herrn, d. h. wenn wir als Pneumatiker seinen Namen anrufen, wenn wir überhaupt Pneumatiker sind, haben wir uns auch von den begangenen Sünden durch Abwaschung gereinigt (1. Kor. 6, 11). Ἐν Χριστῷ geschah es, daß Gott der Welt ihr Sünden nicht anrechnete (2. Kor. 5, 19).

Dies aber stimmt genau mit dem, was wir im Kap. 9 hierüber bemerkten. Nur wenn wir ethisch erneuert sind, sind wir auch religiös erneuert, stehen wir in einem andern Verhältnis zu Gott, sind uns unsre Sünden vergeben.

Man könnte vielleicht fragen: Wie verhält sich Beides? Bringt die ethische Erneuerung als eine **Folge** auch die Vergebung der vorbegangenen Sünden? Man wolle so thöricht nicht fragen! Kann ich als Mensch Jemand vergeben, ohne ihn auch entsprechend zu behandeln, ohne ihm die Vergebung in ihren Folgen spüren zu lassen? Ich kann Vergebung nur so üben, daß ich sie auch am Nächsten auslasse, wie ich vorher meine Feindschaft ausließ. Nur eine Scheinvergebung kann der wirklichen thatsächlichen Versöhnung zu entbehren meinen.

Ebenso ist es mit Gott. In der Erneuerung unsres ganzen Menschen vollzieht sich die Vergebung der Sünden. Wie könnte Gott mir vergeben und mich doch in meinem Sündenelend lassen? Wie kann ich dem Feind verzeihen und ihn doch im Kerker eingesperrt halten? Darin merke ich die Vergebung, darin äußert sie sich, vollzieht sie sich, besteht sie, daß Gott mir das Pneuma sendet, mich ethisch erneuert. Unser Heilsleben bildet eine Einheit, wie Alles, das auf das Wort Leben Anspruch macht. Es besteht nicht zuerst in Vergebung, dann in der nachfolgenden Erneuerung, sondern in der Erneuerung erlebe ich auch die Vergebung, und das Resultat ist die volle Versöhnung mit Gott. Paulus faßt die volle (2. Kor. 5, 18 f.) καταλλαγή (cf. Rom. 3, 25) gleichfalls als Einheit zweier Momente, nämlich der Nichtanrechnung der vorbegangenen Sünden und der Aufstellung des Wortes von der Versöhnung, welche nur pneumatisch sich vollzieht, so daß man dafür die Pneumasendung überhaupt setzen darf. Diese Einheit hat ihren Grund auch in dem Wesen dessen, der das Ganze wirkt, im Wesen Gottes. Es kann nur **eine** göttliche Berufung geben, und diese bringt Alles, das gesamte Heilsleben, Ethisches und Religiöses (Röm. 8, 29).

Er ist hier der Ort, nochmals auf das bekannte exemplum Abrahae zurückzugreifen, welches ja eine Parallele zur Heilsthat der Pneumasendung bilden soll. Paulus nimmt ohne Weiteres an, Abraham habe aus der Sohnesverheißung den Schluß gezogen, nun seien ihm seine Sünden, welche die Kinderlosigkeit als Strafe über ihn brachten, vergeben. Denn Paulus nennt den Glauben Abrahams, der sich zunächst nur auf die Sohnesverheißung bezog, einen Glauben an den sündenvergebenden Gott (Röm. 4, 5 f.), an den Gott, der den Sünder für rechtbeschaffen erklärt. Paulus, als Jude, konnte auch wohl den Abraham gar nicht anders denken lassen. Denn wie Gott uns behandelt, so haben wir es verdient. Dieser Schluß ist nichts als eine Umkehrung des ethischen Fundamentalsatzes, den auch Paulus anerkennt, daß Gott einem Jeglichen geben werde nach seinen Werken. Es ist wirklich belehrend, wenn ein frommer Jude die naive Folgerung ausspricht: „Ich dachte in meinem Herzen, daß ich erfüllt sei von Rechtschaffenheit, da ich im Wohlstande war und viel geworden an Kindern." [1] Das ist echt jüdisch gedacht, wenn es auch, was unser äußeres Leben angeht, allerdings als unzutreffend bezeichnet werden muß. Aber volle Wahrheit behält das Argument für den inneren Menschen, wie ja überhaupt hier der religiöse Pragmatismus der Juden durchaus wahr ist. Allerdings darf ich aus leiblichem Wohlergehen nicht auf das Wohlgefallen Gottes an meinem sittlichen Zustand schließen; auch nicht, wie Paulus den Gedanken bei Abraham — schon bedeutend tiefer — wendet, darf ich aus dem Umschwung des Unglücks zum Glück folgern, Gott habe mir meine Sünden vergeben; aber wenn ich innerlich erneuert bin, dann darf ich nicht bloß logisch erschließen, sondern dann ist es mir unmittelbar gewiß, daß Gott mir vergeben hat. Denn seine Gnade — trotz meiner früheren Sünde — spüre ich daran, daß er mich noch zu einem Gotteskind gemacht hat.

Sehr interessant ist auch der Sprachgebrauch von χάρις bei Paulus. Unter χάρις scheint er ja die H a n d l u n g der Gnadenerweisung Gottes den Sündern gegenüber, zunächst die Sündenvergebung, zu verstehen. Aber in Wirklichkeit weiß ich keine Stelle, wo χάρις in dieser rein forensischen Bedeutung deutlich zu finden wäre. Ja, in der Regel meint Paulus mit χάρις nicht einmal den A k t der Hulderweisung, sondern die Gabe selbst, das χάρισμα. Wie περιτομή nicht nur Akt der Beschneidung, sondern auch die Gesamtheit der Beschnittenen bedeutet, wie auch wir ein Geschenk „eine Verehrung" nennen, so auch Paulus bei χάρις. Es heißt soviel wie Almosen: 1. Kor. 16, 3; 2. Kor. 8, 6, 19; 2. Kor. 9, 8. Paulus redet von χάρις, die ihm und Andern gegeben wird, sodaß sie gleichsteht mit χάρισμα, Gnadengaben (Röm. 12, 3; 1. Kor. 3, 10; Gal. 2, 9; 1. Kor.

---

[1] Hilgenfeld, Ψ. Sal, 1871, p. 888.

1, 4; 2. Kor. 8, 1), und übersetzt werden könnte etwa durch: δωρεὰ ἐν χάριτι (Röm. 5, 17). An den genannten Stellen aber sind unter diesen Gnadengaben Pneumawirkungen verstanden. In 2. Kor. 1, 12; 6, 1 steht χάρις geradezu für πνεῦμα, 2. Kor. 12, 9 für (pneumatisch gewirkte) δύναμις. Χάρις ist der pneumatische Zustand, in welchem man stehn kann wie in der πίστις (Röm. 5, 2), aus welchem man herausfallen kann (Gal. 5, 4).

Immerhin gebe ich zu, daß an manchen Stellen schwer zu entscheiden sein wird, ob Paulus mehr den Akt oder die Gabe der Huldererweisung Gottes meint. Aber gerade das ist für unsern Zweck das Lehrreiche: Die Hulderweisung Gottes besteht, vollzieht sich in der Gabe, die χάρις ist gleich dem δωρεὰ ἐν χάριτι.

Wir wiederholen: In der Pneumasendung vollzieht sich die Sündenvergebung. Die Pneumasendung enthält die Sündenvergebung. Und nun, zurückkehrend zur Thatsache des Todes Jesu, werden wir hinzufügen: Insofern als der Tod die unerläßliche Bedingung der Auferstehung, des Pneumawerdens Christi, der Einwohnung und Erneuerung ist, also indem der Tod die Bedingung unsrer ethischen Erneuerung ist, insofern des Weiteren in dieser Erneuerung sich die Sündenvergebung vollzieht: insofern, aber auch nicht anders, ist der Tod des Herrn die Bedingung der Sündenvergebung.

Jetzt werden wir die paulinische Lehre vom Sühnecharakter des Todes Christi verstehen. Paulus spricht nämlich klar die Ueberzeugung aus, Jesus Christus sei stellvertretend an unsrer Statt und zu unsren Gunsten gestorben. Er hat uns losgekauft vom Fluch des Gesetzes, da er ein Fluch ward ὑπὲρ ἡμῶν (Gal. 3, 13). Er starb ὑπὲρ uns Gottlose (Röm. 5, 6), um unsrer Uebertretungen willen (διά) (Röm. 4, 25). Wir sind für gerecht erklärt worden durch sein Blut; wir wurden mit Gott versöhnt durch den Tod seines Sohnes (Rom. 5, 9—10). Wir sind losgekauft um teuren Preis (1. Kor. 6, 20; 7, 23; Gal. 3, 13; 4, 5). Der Tod Christi geschah um der Vergebung der vorbegangenen Sünden willen (Röm. 3, 25). Vgl. noch 1. Kor. 8, 11; 1, 13; 15, 3; 2. Kor. 5, 15, 18 f., 21. Ich weiß diese Stellen nicht anders zu deuten als auf ein stellvertretendes Leiden hin. Allerdings gebraucht Paulus nicht geradezu den Ausdruck ἀντί, welcher den stellvertretenden Charakter des Kreuzestodes allerdings deutlicher bezeichnen würde; die Präposition heißt vielmehr ὑπέρ. Aber auch Röm. 9, 3 muß das ὑπέρ durch ἀντί nicht gerade ersetzt, aber doch erklärt werden. Es liegt in dem Einen, in ἀντί, auch das ὑπέρ, und in dem ὑπέρ das ἀντί. Unmöglich kann man ferner in Röm. 5, 21 das ὑπέρ ohne das ἀντί ganz verstehen. Nur ist ὑπέρ das Umfassendere; es meint Alles, was aus dem Tode für uns an Heil geflossen ist, sowohl die pneumatische Erneuerung als auch das stellvertretende Leiden.

Eine ganz andere Frage aber ist die, ob Paulus diese Stellvertretung aufgefaßt habe als eine Sühne, d. h. so, daß sie notwendig war zur Befriedigung der göttlichen Gerechtigkeit?

Die landläufige Ansicht der Exegeten und Erklärer geht dahin, durch den Tod Christi sei eine Sühne, eine allgemeine, aber nur „prinzipielle" Sündenvergebung zustande gekommen, welche dem Einzelnen nur unter der Bedingung des Glaubens — worunter man aber sehr verschiedene Dinge versteht — zuteil werde. Der Tod Christi habe also eine Art von Generalpardon gewirkt, der aber an eine noch zu erfüllende Bedingung geknüpft sei. Also der Tod Christi genügte allein nicht, es mußte noch der Glauben hinzukommen. Andererseits hätte aber auch der Glaube allein nicht gereicht, wäre nicht der Opfertod Christi vorausgegangen, welcher zuerst unsre Sünden generaliter wegbüßen mußte. Denn eine solche Buße forderte die göttliche Gerechtigkeit. Büßten die Menschen nicht, so mußte an ihrer Statt ein Anderer die Strafe tragen. Aber Strafe muß sein.

Wenn bei e i n e m der neutestamentlichen Schriftsteller, so müßte es mich bei Paulus Wunder nehmen, wenn er Gott nicht anders Gnade übend denken könnte als nachdem er unerbittlich gestraft hätte. Es wäre dies ebenso eine Einschränkung seiner Absolutheit wie eine Vermenschlichung seines ethischen Wesens, wie ich sie am allerwenigsten dem großen Apostel zutraue, abgesehn davon, daß er die Trennung von Vergebung und Erneuerung nicht kennt; sondern in der Erneuerung die Vergebung sich vollziehen sieht; abgesehen davon, daß Gott es ist, der auch die spezielle Bedingung der Vergebung, die πίστις, wirkt, so daß sich also Gott selbst die Sache unsrer Sündenvergebung schwierig machte. Solange der Glaube Sache des Menschen ist, ließe sich noch eher denken, Gott habe uns durch den Tod Christi das Heil hingestellt und uns aufgefordert, einen Jeglichen für sich, es zu ergreifen.

Indessen, da die Paulusforscher sich auf ganz bestimmte Stellen berufen, müssen wir gleichfalls in eine Erörterung über dieselben eintreten. Voran steht Röm. 3, 5, 25—26. Wir werden aber beweisen, daß auch hier δικαιοσύνη θεοῦ nichts anderes bedeutet als überall: die Gottesgabe an uns, bestehend in dem durch Einwohnen Christi hervorgebrachten Zustand ethischer Erneuerung, benannt aber nach dem Urteil, das Gott darüber fällen muß, nämlich benannt als Zustand, in welchem wir von Gott für Rechtbeschaffene erklärt werden, weil wir es nämlich sind. V. 5 besagt: Wenn unsre Sündhaftigkeit (die) Gottesrechtbeschaffenheit beweist, was wollen wir sagen? Ist nicht (hier allerdings forensisch) ungerecht der Gott, welcher den Zorn heraufführt? In den vorhergehenden Kapiteln nämlich hat Paulus die allgemeine Sündhaftigkeit der Menschen bewiesen. Er hat dargelegt, daß wir aus eigenen Werken nicht rechtbeschaffen vor Gott werden können, sondern allein vermöge einer uns verliehenen übernatürlichen Kraft (Röm. 1, 16—17). Ἐκ αὐτοῦ nämlich, d. h. durch die Einwohnung Christi werden wir rechtbeschaffen. Wir werden es nicht durch uns, sondern indem Gott uns die δικαιοσύνη schenkt, ἐξ αὐτοῦ. Die δικαιοσύνη ist in die Erscheinung getreten, ist wirklich geworden als δικαιοσύνη, nicht von uns her gewirkt, sondern als δικαιοσύνη θεοῦ, als **seine** Gabe. Sie wird gewirkt nicht aus Werken, sondern aus Glauben, d. h. aus dem pneumatisch gewirkten Glaubensleben des Verkündigers zum Zweck des Glaubens, d. h. des pneumatischen Glaubenslebens des dazu Berufenen. Die allgemeine Sündhaftigkeit der Menschen dient also als Voraussetzung und daher auch als **Beweis** der Gottesrechtbeschaffenheit, **der Rechtbeschaffenheit**, welche nicht wir, sondern Gott wirkt. (Deshalb ist auch das θεοῦ vorangestellt). Aus der Sündhaftigkeit folgt die Notwendigkeit einer göttlich gewirkten δικαιοσύνη, da wir aus eigener Kraft zur δικαιοσύνη nicht gelangen konnten. Allerdings kann dieser Zusammenhang irrtümlicherweise die in V. 5 — 8 angeführten Folgerungen erwecken, welche jedoch zurückzuweisen sind. Würden wir hier δικαιοσύνη θεοῦ als forensische Eigenschaft Gottes fassen, so käme folgender Sinn heraus: Unsere Sündigkeit beweist, daß Gott gerecht ist. Das aber wäre falsch. Nicht unsere Sündigkeit, sondern unsere geschehene **Bestrafung** würde das Walten der unerbittlichen Gerechtigkeit Gottes beweisen. Aber das hätte im Zusammenhang keine Stelle, steht auch nicht hier. Sündhaftigkeit und Bestrafung (ἐπιτ. τ. ὀργ.) werden wohl unterschieden. Es wird ja eingeworfen, Gott sei ungerecht, falls er unsere ἀδικία **bestraft**! Wenn also unsre Stelle einen Sinn geben soll, so darf δικαιοσύνη θεοῦ nicht nach δικαιωθῆς in V. 4 erklärt werden. Dazu zwingt uns auch der Zusammenhang keineswegs, denn erstens ist δικαιωθῆς Zitat, zweitens beginnt mit V. 5 ein ganz neuer Gedanke.[1]

Ebenso aber übersetze ich δικαιοσύνη θεοῦ in V. 25 und 26. Der Zusammenhang ist derselbe: Die allgemeine Sündhaftigkeit der Menschen (V. 23) fordert (V. 24) ein δικαιοῦσθαι δωρεάν, gnadenweise, da die Menschen selbst den Charakter der δικαιοσύνη sich nicht erwirken konnten. Dieses für-rechtbeschaffen-

---

[1] In V. 3 fasse ich πίστις τοῦ θεοῦ als „gottgewirktes (pneumatisches) Glaubensleben", d. h. Pneumaempfang, so daß der Unglaube Einzelner nicht imstande wäre, die (Wirklichkeit der) πίστις zu vernichten, was allerdings leicht behauptet werden könnte, indem das Gottesvolk stets in seiner Einheit als Kinder Abrahams auch für das Heil bestimmt schien. Aus der Thatsache also, daß die Mehrzahl der Juden (Paulus sagt beschwichtigend nur τινες) das Heil nicht annahmen, konnte man folgern, es sei mit diesem Heil überhaupt nichts, da es den Juden verschlossen, den Heiden geöffnet wurde. Aus diesem Grunde hat Paulus vorher (2, 11—29) zu beweisen gesucht, und zwar mit sehr vieler Mühe, der wahre Jude sei der Pneumatiker, wie er auch sonst, besonders im Galaterbrief, zeigt, wer die wahren Kinder Abrahams seien. Uebrigens räume ich ein, daß auch wenn πίστις als Eigenschaft Gottes (Vertragstreue) verstanden sein sollte, ein guter Sinn herauskommt. Nur muß man dann nicht folgern wollen, weil πίστις eine Eigenschaft Gottes sei, müsse auch δικαιοσύνη forensische Gerechtigkeit bedeuten. Als solche Eigenschaft Gottes ist in 5 nur ἀδικος gemeint. Wie in V. 7 ἀλήθεια τοῦ θεοῦ verstanden werden muß, ist unbestimmbar. Aber sowohl „Wahrhaftigkeit" wie „Gotteswahrheit" gleich pneumatischer σοφία θεοῦ, also als Pneumaempfang, giebt einen sinnvollen Satz.

Erklärtwerden aber geschah durch Gottes Gnadengabe, durch die Pneumasendung (die δωρεά ἐν χάριτι); denn die Loskaufung von der Sündenschuld wird uns nur ἐν Χριστῷ als ethisch Erneuerten geschenkt. Gott hat also (V. 25) Christum hingestellt, allen sichtbar, als Sühnmittel durch sein Blut vermittelst des pneumatisch gewirkten Glaubenslebens. In diesem pneumatischen Leben nämlich ist auch die Sündenvergebung enthalten, so daß Christi Blut — vermöge der pneumatischen Folgen des Todes Christi — wirkt wie ein Sühnemittel. Wenn aber Gott durch den Tod Christi sichtbar gezeigt hat, daß wir Menschen nicht aus eigener Kraft, sondern nur vermöge der Gnadengabe (χάρις) rechtbeschaffen werden und als solche anerkannt werden können, so dient auch die Thatsache des Todes Christi wieder zum Beweis der (Notwendigkeit der) pneumatisch gewirkten δικαιοσύνη θεοῦ. Nämlich der Beweis gilt wegen der (notwendig gewordenen und durch die Folgen des Todes Christi vollzogenen) Vergebung der vor der Erneuerung begangenen Sünden in der Langmut Gottes; d. h. weil Gott (V. 26) in seiner Langmut den Menschen ihre vorbegangenen Sünden vergab und vergeben mußte, ist klar, daß die Menschen solche Vergebung nötig hatten, also Unrechtbeschaffene waren. Dies aber dient zum Beweis der (Notwendigkeit der) in der jetzigen Zeit[1] des Pneumabesitzes erfolgten δικαιοσύνη θεοῦ. Allein wie soll nun das Weitere in V. 26 erklärt werden? Zum Zweck dessen, daß er rechtbeschaffen ist, d. h. sich als solcher erweist; denn Finalsätze müssen häufig so aufgelöst werden (V. 4). Wodurch erweist er sich als rechtbeschaffen? Nach dem Vorhergehenden dadurch, daß er die Rechtbeschaffenheit uns gab. Natürlich! da Gott allein sie uns geben kann, ist anzunehmen, daß er allein auch rechtbeschaffen ist. Denn die δικαιοσύνη, (wie andren Orts die δύναμις, wie die σοφία, wie die εἰλικρινία etc.) ist gedacht als Eigentum Gottes, das er ganz allein besitzt, das wir also nicht anders erhalten können als durch einen göttlichen Schenkungsakt, was die Notwendigkeit der göttlich gewirkten δικαιοσύνη θεοῦ beweist. Nochmals sagt 26, was vorher schon 25—26 abc gesagt hatte, aus der Sündhaftigkeit (25c—28a) folge, daß nicht wir Menschen, sondern Gott allein rechtbeschaffen sei. Daraus folgt weiter, daß nur der gleichfalls rechtbeschaffen werde, als solcher anerkannt werde, der die göttliche Rechtbeschaffenheit als göttliches Geschenk erhielt. Paulus drückt das so aus: damit erkannt werde, daß er selbst (allein, wir Menschen nicht) rechtbeschaffen sei, daß er ferner, weil wir Menschen Sünder sind, nur den für rechtbeschaffen anerkennt, der es als Pneumatiker, ἐκ πίστεως Ἰησοῦ vermöge der göttlichen Gabe auch ist. Denn anders wird Niemand δίκαιος, also kann er auch nicht anders als solcher von Gott erklärt werden, als daß die δικαιοσύνη θεοῦ seine menschliche Eigenschaft wird; denn nur Gott, als wirklich

---

[1] Νῦν bedeutet die Zeit des Pneumabesitzes auch Röm. 5, 8. 11; 6, 19. 21; 8, 1; Gal. 2, 20.

δίκαιος, kann diesen seinen Besitz, die δικαιοσύνη, Anderen schenken. So dient also die Thatsache der menschlichen Sündigkeit abermals als Beweis der Notwendigkeit der δικαιοσνη θεοῦ.

Ich gestehe, daß das koordinierte hebraisirende Satzgefüge des Paulus an dieser Stelle unheilvoll schwierig wirkt. Wir hätten subordinierte Sätze gewünscht: zum Beweis dessen, daß, da (allein) Gott, (nicht aber wir Menschen) rechtbeschaffen ist, er auch nur den für rechtbeschaffen erklärt, der von ihm die δικαιοσύνη erhielt, der aus der πίστις Ἰησοῦ ist, d. h. den Pneumatiker. Allein auch sonst darf man koordinierte Finalsätze in subordinierte auflösen. Z. B. 3, 4 ist die Konstatierung der Lüge der Menschen nicht beabsichtigt; es muß also erklärt werden: Es erweise sich Gott als wahrhaftig, selbst wenn jeder Mensch als Lügner erfunden wird. — Oder in 2. Kor. 13, 7 ist es durchaus nicht des Apostels Absicht, als unerprobt zu gelten (cf. V. 6!) Daher muß die Koordination in folgende Subordination verwandelt werden: Damit ihr .. thut, selbst wenn wir als unerprobt erfunden werden. Nur für den Fall, daß sie das Gute thun, ist er bereit, als unerprobt zu gelten. Wie in diesen Sätzen, so läßt sich das koordonierte Satzgefüge auch in Röm. 3, 26 als Subordination leichter verstehen.

Fassen wir das Resultat dieses exegetischen Exkurses zusammen: Nicht die herbe Gerechtigkeit als forensische Eigenschaft Gottes wird durch Christi Tod (V. 24—26) bewiesen, sondern vielmehr die Notwendigkeit seiner Liebe, seiner ἀνοχή, seiner δικαιοσύνη als Gnadengabe, wie auch Röm. 5, 8 der Tod Christi ein Beweis seiner Liebe ist, nicht seines Richterzorns.

Ebenso verstehe ich Röm. 8, 3. Nachdem nämlich Paulus Röm. 7 die Unmöglichkeit der sittlichen Gesetzeserfüllung durch den Menschen ausführlich dargelegt, nachdem er jedoch 7, 25—8, 1 den durch Christus geschehenen ethischen Umschwung nur sehr kurz erwähnt hat, sieht er sich genötigt, diesen Umschwung näher zu erklären. Dies thut V. 2. Das (neue) Gesetz, ein Gegensatz zu dem Gesetz in den Gliedern, das Gesetz des Pneuma, welches Leben wirkt, welches ἐν Χριστῷ Ἰησοῦ eingepflanzt wird, befreite dich von dem alten Gesetz in den Gliedern, dem Gesetz, welches die (jegliche) Sünde und den Tod wirkt. Aber nun ist immer noch in V. 2 ein Begriff vergessen, auf den es im Vorhergehenden ganz besonders ankam, die σάρξ. Das muß Paulus nachholen. Wie verhält es sich mit der σάρξ, was wurde bei diesem ethischen Umschwung mit ihr? Antwort (V. 3): „Das Unmögliche" des sittlichen Gesetzes war seine Erfüllung wie wir in Röm. 7 gesehen haben. In diesem Stück, ἐν ᾧ, was die Erfüllung angeht, „war das Gesetz schwach"; stark war es nur im Zwang zur Sünde, nicht zum Guten. Seine Schwäche aber zum Guten wurde verschuldet „durch das Fleisch", d. h. das Uebergewicht der im Fleisch wohnenden ἁμαρτία, wie Kap. 7 deutlich erwiesen. Es mußte also die ethische Uebermacht der ἁμαρτία im Fleisch gebrochen werden. Das aber hat Gott gethan. „Er verurteilte die ἁμαρτία, (die) in dem Fleisch (ist). Heißt das: er bestrafte sie? Er ließ sie — stellvertretend — durch Christus sterben? Das kann nicht gemeint sein. Folge dieses Sterbens wäre die Straffreiheit gewesen. Der Gestorbene ist ja freigesprochen von der Sündenstrafe (Röm. 6, 7). Aber wie käme der fremde Gedanke der Straffreiheit der σάρξ in diesen engen, straffen Zusammenhang? Darum allein handelt es sich, daß die ethische Macht der ἁμαρτία vernichtet wurde. Also bedeutet κατακρίνειν eine Verurteilung zu ethischer Machtlosigkeit. Dies kann nicht geschehen sein, indem Christus für uns büßte, denn sonst hätte er ja gerade das Gegenteil vollbracht, er hätte die σάρξ von ihrer Schuld frei gemacht, hätte ihr wieder aufgeholfen. Also wiederholen wir: Die Erfüllbarkeit des Gesetzes, welche unmöglich war, in welchem Stück das sittliche Gesetz schwach war um der Uebermacht der ἁμαρτία im Fleisch willen, diese Erfüllung des sittlichen Gesetzes hat Gott dadurch möglich gemacht, daß er der ἁμαρτία in der σάρξ ein Verdammungsurteil sprach, dahin lautend, daß ihre Uebermacht vernichtet werden sollte. Dies kam allerdings nur dadurch zustande, daß Gott seinen Sohn sandte in einem Abbild, Exemplar von Sündenfleisch und in betreff der Sünde. Wie ist das gemeint? Man erwartet eher den Gedanken, Gott habe das Pneuma seines Sohnes in unsre Herzen gesandt. Aber hier soll, sagen die Exegeten, gerade das betont werden, daß Christus, um für unsre σάρξ die Strafe zu erleiden, zu büßen, selbst eine Sünden-σάρξ haben mußte. Aber wo steht denn das? Wo ist denn von seinem Opfertod die Rede? Es heißt ja nur, Gott habe ihn in ein (oder einem) ὁμ. σ. etc. gesandt! Nein, Paulus will hervorheben die Größe und Gewißheit der göttlichen Gnadenerweisung. Damit wir von unserem Sündenfleisch (ethisch) erlöst würden, hat Gott nicht gezaudert, Christus, Gottes Sohn, als reines Pneuma präexistierend, ein Sündenfleisch annehmen zu lassen. Aus dieser Größe der Liebesthat Gottes folgt, daß sie auch ihre gewollten Folgen hat, wie Röm. 5, 6—11 durch die Thatsache des Todes Christi die göttliche Garantie dafür gegeben ist, daß wir unseres Heiles wirklich gewiß sein dürfen. Der des eigenen Sohnes nicht verschonte, sondern ihn uns Allen zuliebe dahingab, wie sollte er zugleich mit ihm nicht auch Alles uns schenken (Röm. 8, 32)? Wenn daher Gott sich nicht gescheut hat, seinen Sohn in unser elendes Sündenfleisch und um der Sünde willen, die ihm doch fremd war, zu senden, so dürfen wir dessen gewiß sein, daß er seine Absicht auch erreichte, nämlich eine Verurteilung der Sündigkeit im Fleisch zur ethischen Machtlosigkeit, mit der Absicht und Folge, daß (V. 4) die Forderung des Gesetzes unter uns jetzt erfüllt würde, wie dies früher ἀδύνατον τοῦ νόμου war; erfüllt aber konnte das Gesetz unter uns dadurch werden, daß wir nicht mehr gemäß der σάρξ, d. h. entsprechend der Uebermacht der ἁμαρτία, sondern gemäß dem Pneuma wandeln, welches jetzt in uns Gewalt hat, unseren νόμος bildet. So ist also der Zusammenhang vollkommen klar;

er könnte nichts als getrübt werden, wenn wir in V. 3 die Idee einer Sühne einführten. Denn wenn Christus für unser Fleisch bereits gebüßt hat, so ist gar nicht abzusehen, weshalb es erst recht die Folgen der Verdamnis, zunächst die Machtlosigkeit, zuletzt den Tod, leiden soll. Dann müßte es vielmehr mächtiger werden. Aber, meinen Manche, Paulus könnte sagen wollen, erst nachdem Gott die Strafe der Sünde unseres Fleisches an dem Fleisch Christi vollzogen hatte, konnte er wieder gnädig sein und das Pneuma senden. Allein dies wäre wieder eine seltsame Logik. Wenn Gott absolut unser sündiges F l e i s ch an Christus hätte bestrafen sollen, wodurch es aber nur wäre stellvertretend gerechtfertigt worden, so dürfte Paulus hier am allerwenigsten betonen, daß auch Christus ein Sündenfleisch getragen habe. Denn wenn dies der Fall war — obgleich natürlich wegen der pneumatischen Natur des Ichs Christi die ἁμαρτία keine Macht über ihn bekam, — dann wurde die σάρξ Christi nur für sich s e l b s t bestraft dafür, daß sie gleichfalls σάρξ war. Aber er hatte ja nur ein Abbild von Sündenfleisch, so faßt man ὁμοίωμα; ein Fleisch, welches zwar wie Sündenfleisch aussah, aber doch keines war. Abgesehen davon, daß dieser schwächliche Gedanke durchaus nicht der erquickend kräftigen spekulativen Sinnlichkeit Pauli ähnlich sieht, abgesehen von den theologischen Erwägungen über ὁμοίωμα in Kap. 2, was soll es denn nützen, daß Christus einen menschlichen Scheinleib trägt? Dann hat er eben, wenn er starb, nicht für u n s e r Fleisch gebüßt, denn dieses ist ein anderes als das Christi. Es hätte Paulus das ὁμοίωμα wohl weggelassen, gewiß aber nicht b e t o n t, wenn er hätte das Fleisch Christi in sühnende Beziehung zu unserm Fleisch bringen wollen. Man mag es wenden wie man will. Sowohl der Zusammenhang der Versteile von Vers 3 unter sich wie mit der näheren und ferneren Umgebung verlangt nicht nur die Sühneidee nicht, sondern stößt sie aus ihrem Gedankenbereich geradezu aus. Der einfache Sinn ist: Gott hat seinen e i g e n e n Sohn (τὸν ἑαυτοῦ υἱόν) in ein Exemplar von Sündenfleisch gethan, um durch dessen Tod, Auferstehung etc. die ethische Macht der Sünde in uns zu vernichten. Wenn Gott solches thut, seinen Sohn in d a s Fleisch sendet, welches ihm, Gott, als Sündenfleisch feindlich, ja ein Objekt des Zornes ist, dann dürft ihr sicher sein, daß die in V. 4 ausgesprochene Absicht auch erfüllt wurde, daß es sich mithin so verhält wie in V. 2 kurz angedeutet ist, oder, daß wir, wie 7, 24—25 gewünscht und behauptet wurde, wirklich von diesem Todesleib, d. h. von der zum Tode zwingenden Macht unseres sarkischen Leibes befreit sind.

Man sollte doch bedenken, wie geläufig auch sonst dem Apostel die Ausdrücke für dieses ethische, aber nicht forensische Mitsterben unseres Leibes mit Christus sind. Die Angehörigen Christi, d. h. die Pneumatiker, die πνεύματι leben, haben ihr Fleisch gekreuzigt samt den Leidenschaften und Begierden (Gal. 5, 24—25). Dem Pneumatiker ist durch das Kreuz Christi die Welt gekreuzigt und er der Welt (Gal. 6, 14—15).

Wie das? Hier muß doch sicherlich, wie in 5, 24—25 eine ethische, nicht eine forensische Folge der Kreuzigung gemeint sein. Dadurch, daß der Tod Christi durch seine Auferstehungsfolge mich zur neuen Kreatur machte, (V. 15—16) bin ich der Sündenwelt gekreuzigt, bin ich für ihre Reize und Schrecknisse tot.[1] Mein ethisches Mitkreuzigen mit Christus besteht darin, daß er in mir lebt (Gal. 2, 20). Ethisch bin ich der Welt gestorben, damit ich Gott lebe (V 19). Ganz das Gleiche sagt auch 2. Kor. 5, 15. Einer ist für Alle gestorben, damit er nämlich in ihnen pneumatisch leben könne. Also sind sie alle gestorben. Wie das? Der Sündenschuld? Davon ist im Zusammenhang gar nicht die Rede, sondern von der Gewißheit der ethischen Erneuerung, von der Gewißheit, daß die Liebe Christi, die Liebe, die Christus in ihm wirkte, den Apostel von jeder Selbstsucht abhalte. Auch wird sofort als Zweck des Todes Christi nicht die Sühne angegeben, sondern (ἵνα) das neue Leben ἐν Χριστῷ, die neue Kreatur, welche ein selbstsüchtiges Kennen der eigenen Person nicht mehr zuläßt. Paulus will also mit ἄρα οἱ παν. ἀπ. nicht sagen, seine Sünden seien ihm vergeben, sondern er sei der Sünde ethisch abgestorben, er könne nicht mehr so sündigen wie seine Gegner ihm nachsagen, d. h. er könne mit der Erzählung der Vision 2. Kor. 12 keinen Selbstruhm getrieben haben; er habe auch diese Erzählung wie Alles, was er sage, nur aus apostolischem Eifer aus Gott, um Christi willen gethan (18—20). Denn, wie Christus keine Sünde kannte, so ist auch sicher (20, 21) daß wir ἐν αὐτῷ wirklich δικαιοσύνη b. h. sündlos wurden. Denn wenn Gott soweit ging, diesen Sündlosen als Sünder zu behandeln, dann wird er gewiß auch seine Absicht erfüllen, welche darin besteht, daß wir δικαιοσύνη werden. (Vgl. den Gedanken von Röm. 8, 3!) Wo ist da ein Appell an die direkt sühnewirkende Kraft des Blutes Christi? Paulus bringt nicht Ethisches und Religiöses durcheinander, wie es ihm gerade einfällt, sondern es ist ihm sehr ernst darum zu thun, eine Wahrheit mit aller Schärfe und energisch zäher Konsequenz zu beweisen.

Also keine von diesen Hauptstellen deutet darauf hin, daß Gott vermöge seiner Gerechtigkeit notwendig erst die Sünde an einem Unschuldigen bestrafen mußte, ehe er uns das Pneuma sandte. Wohl aber haben wir bereits dargelegt, daß Gott die Vergebung der Sünden dadurch bewerkstelligt, daß er uns die δικαιοσύνη, die ethische Erneuerung, giebt.

Daß Paulus eine direkte Sühnewirkung im Tod Christi nicht kennt, ja daß

---

[1] Allerdings ist es eigentlich die Einwohnung Christi, die mich ethisch erneut und der Sünde absterben läßt. Allein da der Tod Christi die unerläßliche Bedingung der Einwohnung ist, müßten wir uns geradezu wundern, wenn nicht das Wort- und Gedankenspiel entstanden wäre: Durch den Tod Christi (eigentlich durch seine pneumatischen Folgen) bin ich mitgekreuzigt, nämlich ethisch der Sünde abgestorben.

er diesen nicht als wirkliches Sühnopfer auffassen kann, suche ich mir noch durch einen andern Umstand klar zu machen. Nämlich ohne Zweifel nennt Paulus Christi Tod 1. Kor. 11, 25 ein Bundesopfer. Ein Bundesopfer aber hat keinen Sühnecharakter, auch dann nicht, wenn Gott ein Teil der beiden Bundschließenden ist (1. Mos. 15, 9 f; 2. Mos. 24, 4 f).[1] Wenn aber Christi Tod ein Bundesopfer ist, wie kann er dann wieder ein Sühnopfer sein? Und doch nennt Paulus Christum unser Passah (1. Kor. 5, 7). Das Passahopfer aber war ein Sühnopfer (Dillmann in Schenkels B. L. IV, 388 f.). Hier haben wir deutlich vor Augen, daß Paulus mit der Bezeichnung Christi als Opfer umgeht wie man nur mit einem vergleichenden Bilde wohl umgehen darf. Er vergleicht Christus bald mit einem Bundesopfer, bald mit dem geschlachteten Passahlamm; besonders der letztere Vergleich erweist sich als ein solcher ganz deutlich. Paulus wendet die Bezeichnung nicht deshalb an, um über den Opfercharakter des Todes Christi eine Lehre aufzustellen, sondern um durch den Vergleich Christi mit dem Passahlamm das vorhergehende Sprüchwort von dem wenigen Sauerteig auf die Christen deutlicher anwendbar zu machen. So verstehe ich auch den Gebrauch des offenbar dem Sühnopferkult entnommenen Wortes ἱλαστήριον (Röm. 3, 25). Daß Paulus nicht meint, Christi Blut habe wirklich sühnenden Zweck genau wie das Blut eines Sühnopfers, zeigt er, wie um ein Mißverständnis zu verhüten, durch Einschiebung des Wortes διὰ πίστεως an. Nur durch das pneumatisch gewirkte Glaubensleben kann der Tod Christi nach seinen Wirkungen verglichen werden mit den Wirkungen eines Sühnopfers, in dem wir nämlich ἐν Χριστῷ (V. 24) oder διὰ πίστεως Sündenvergebung haben. Ein wirkliches Sühnopfer wirkt objektiv durch das vergossene Blut. Christi Tod aber wirkt Vergebung der Sünde nur insofern wir durch die χάρις, die Pneumagabe, oder διὰ πίστεως, erneuert sind. Also ist der Tod Christi kein Sühnetod, sondern er wird nur mit einem solchen verglichen. Daher ists auch nicht mehr als ein Vergleich, ein Bild, wenn als Wirkung Christi unsre Loskaufung bezeichnet wird (1. Kor. 6, 20; 7, 23). Man könnte zwar an die Loskaufung von der Sündenschuld denken. Aber dieser Sinn liegt in beiden Stellen nicht, sondern Paulus meint die Loskaufung von der ethischen Sklaverei der ἁμ. d. h. daß wir Tempel des heiligen Geistes, Knechte Christi wurden. Auch Röm. 3, 24 geschieht die Loskaufung ἐν Χριστῷ d. h. besteht sie in der durch Einwohnung Christi vollzogenen Freiheit von der vorher uns bezwingenden ethischen Gewalt der Sünde. Auf den Tod Christi spielen allerdings die beiden Korintherstellen an, aber nur insofern als die Loskaufung von der Sündengewalt thatsächlich nur

---

[1] Die eine Hälfte des Blutes gießt Mose auf den Altar, d. h. wohl auf Gott; die andere über das Volk, zum Zeichen, daß jeder Vertragsteil durch das Opferblut verpflichtet sei.

durch den bittern Tod des Herrn (und seine pneumatischen Folgen) geschah. Ebenso meint er es Gal. 3, 13. Christus hat uns vom Fluch des rituellen Gesetzes losgekauft, indem ἐν Χριστῷ dasselbe für uns abgethan ist. Christus ist des Gesetzes Ende. Kurz vorher (2, 19—21) hat Paulus gezeigt, er sei durch den νόμος (τοῦ πνεύματος τῆς ζωῆς ἐν Χριστῷ Ἰησοῦ, Röm. 8, 2), dem rituellen νόμος abgestorben. Indem Christus in ihm lebe, lebe er in dem (durch Christus gewirkten) Glauben an den ihn liebenden, sich selbst für ihn dargebenden Sohn Gottes. Dieser gottgewirkte Glaube also versichert ihn, daß trotz seiner rituellen Gesetzesfreiheit Christus ihn liebt, daß also Christus, indem er die Ueberzeugung von der Gesetzesfreiheit in ihm wirkte, ihn damit nicht zur Sünde verleitete (2, 17). Diesen Gedanken nimmt er 3, 13 wieder auf. Wenn ἐν Χριστῷ das rituelle Gesetz nicht mehr gilt, so gilt auch sein Fluch über den Uebertreter nicht mehr. Es ist also die Absicht der Loskaufung dadurch erreicht, daß wir (V. 14) ἐν Χριστῷ Ἰησοῦ wurden. Nur so vollzog sich der Akt der Loskaufung, nicht etwa dadurch, daß der Tod Christi direkt die Freiheit vom rituellen Gesetz gewirkt hätte. Erst ἐν Χριστῷ ist der Christ frei. Denselben Sinn giebt Gal. 4, 5, wo die beiden ἵνα-Sätze als coordiniert zu verstehen sind. Die Loskaufung vollzieht sich im Kindschaftsempfang. Das zeigt V. 6—7, wo die Freiheit vom Gesetz aus der Ekstase des Pneumatikers, nicht aus dem Tod Christi bewiesen ist.

Auch Röm. 5, 6—10[1] und 12—21 ändert an dieser Sache nichts. Allerdings ist Christus (6—10) für uns gestorben, da wir noch Sünder waren. Daraus folgt nämlich, was Paulus folgern will: die Liebe Gottes, die ihre Heilsveranstaltungen schon traf, als Alles noch in tiefer Sünde lag. Aber das δικαιωθῆναι ἐν τ. αἷμ. geschah doch erst νῦν, im Zustand als Pneumatiker. Ebenso muß V. 10 durch 11 erklärt werden, wo abermals bewiesen wird, daß die wirkliche καταλλαγή erst νῦν empfangen wird. Röm. 5, 12—21 ist vom Opfertod Christi nicht die Rede, sondern von der χάρις, d. h. der δωρεὰ ἐν χάριτι Jesu Christi, das heißt des Pneuma's Christi (cf. Gal. 1, 6), des χάρισμα oder δωρεά τῆς δικαιοσύνης (V. 16, 17). Also durch den Pneumaempfang sind wir erneuert. Dann darf man V. 18 das Rechtthun Christi, V. 19 seine ὑπακοή getrost mit dem Pneumaempfang identifizieren, aber nicht mit dem Kreuzestod. Im Pneumaempfang erhielten wir seine Eigenschaft der ὑπακοή als die unsrige ebenso wie wir von Natur die παρακοή Adams als unsre Eigenschaft haben. Mag hiebei meinetwegen auch ein Seitenblick auf den Tod Christi geschehen, so ist doch hier sein Sterben nicht als wirklicher Opfertod gemeint, sondern als Bethätigung seiner ὑπακοή, welche ἐν Χριστῷ unsre Eigenschaft wird. Denn daß es sich nur darum, um unsre ethische Erneuerung als

---

[1] Vgl. das in anderem Zusammenhang hierüber Gesagte (Kap. 13).

Heilsquelle handelt, sagt V. 21 ganz bestimmt: die δικαιοσύνη ist der lebenschaffende Inhalt der χάρις als Gegensatz zur ἁμαρτία; und das διὰ Ἰησοῦ Χριστοῦ etc. ist so gemeint, daß durch ihn der Pneumaempfang und die Erneuerung möglich wurde. Nach diesem Kanon aber gewinnt z. B. auch Gal. 1, 4 den einfachen Sinn, die Absicht des Todes Christi bestehe darin, daß er uns — durch die pneumatischen Folgen, Auferstehung u. j. w. entreiße aus diesem Aeon, der durch die Herrschaft der Dämonen böse ist. Das Abwaschen der Sünden geschieht nicht durch Christi Blut, nicht direkt, sondern indirekt, indem wir seinen Namen bekennen, d. h. Pneumatiker wurden, d. h. also durch das Pneuma unsres Gottes (1. Kor. 6, 11). Allerdings hat Gott den keine Sünde Kennenden für uns zur Sünde gemacht, d. h. verurteilt, als ob er Sünder wäre. Aber dies geschah nicht um einer notwendig gewesenen Sühne willen, sondern damit wir ἐν αὐτῷ Rechtbeschaffene würden (2. Kor. 5, 21.); Zweck des Todes war also unser durch die Auferstehung ermöglichtes ἐν Χριστῷ-Werden.

Dies allein ist die Heilsbedeutung, welche Paulus dem Tode des Herrn zuschreibt. Was hätte es auch an Gewinn, für wahr zu halten, Gott habe die Sühne des Blutes Christi wirklich gebraucht? Entscheidend zum Heil bleibt für uns ja doch die Einwohnung Christi. Oder wird durch den Sühnegedanken die Bewunderung der Liebe Gottes gefördert? Im Gegenteil, es tritt in seine Liebe ein herber, bitterer Zug. Gott sieht aus als sei er im Banne eines über ihm stehenden stumpfen, furchtbaren Schicksals, das ihn zwingt, seinen Messias zu opfern. Oder wird der Dank gegen Christus gemehrt? Christi Tod wirkt unser Heil, das wissen wir auch ohne den Sühngedanken. Er ist die Bedingung unsrer Seligkeit auf alle Fälle. Und was den Verlauf der Katastrophe angeht, so wird an deren furchtbaren Schrecknissen nichts geändert, ob ich diese als Sühne fasse oder nicht. Ich kann höchstens zweifeln, ob denn dieses Fürchterliche wirklich nötig war, um Gottes Gerechtigkeit zu befriedigen, ob nicht auch ein Geringeres genügt hätte? Oder wird der Ernst der Sünde aus der Notwendigkeit der Sühne offenbar? Niemals. Nur wer die Erneuerung hat, verabscheut, ja haßt die Sünde; dieser aber braucht dazu nicht mehr den Sühnegedanken. Paulus beruft sich Röm. 7 nicht mit einem Wort darauf, um etwa damit den Ernst der Sünde zu illustrieren. Im Gegenteil mag eher, wie alte und neue Praxis zeigt, das Umgekehrte geschehen, daß nämlich aus dem Glauben an den Sühnetod Christi ethische Schläfrigkeit folgt Das wird jeder Seelsorger schon erfahren haben.

Obgleich aber nun also der Tod Christi nicht Sühnebedeutung haben soll, obgleich er die Sündenvergebung nur indirekt, via Auferstehung und Einwohnung wirkte, haben wir doch keinen Versuch gemacht, den Charakter der Stellvertretung aus der Bedeutung des Todes Christi zu streichen. Wie wollen wir also diesen Charakter deuten und in den Zusammenhang einfügen?

Nun, zunächst müßten wir uns höchlichst wundern, wenn Paulus, der in seiner Gotteskindschaft so überaus selig war, nicht in erster Linie des Ereignisses gedächte, welches diese Wendung der Geschicke der Menschen hervorbrachte. Allerdings nicht dieses Ereignis an und für sich hat solche Wirkungen gehabt, sondern nur zusammen mit der Auferstehung und dem dadurch möglich gewordenen Einwohnen. Aber diese Thatsachen wurden doch streng durch seinen Tod bedingt; diesen Tod hat er unschuldig erlitten. Also durch seinen unschuldigen Tod, durch seine Marter wurden wir (indirekt allerdings) Rechtbeschaffene. Es entspricht der allereinfachsten Pflicht der Dankbarkeit, wenn wir im Besitze der Erneuerung des blutigen unschuldigen Kreuzestodes des Herrn als der Quelle unsres Heils gedenken. Selbstverständlich thun wir dies nicht ohne uns bewußt zu sein, daß eigentlich w i r die Strafe unserer Sünden, (von Paulus kurzweg T o d genannt), verdient hätten, daß diese Strafe aber durch Christi Leiden (und seine pneumatischen Folgen) in Heil umgewandelt wurden. Anders aber kann man dies gar nicht ausdrücken, als daß er stellvertretend für uns litt, daß er u n s r e Strafe auf sich nahm. Und wenn ich dies Alles durch ein Bild zusammenfassen soll, so weiß ich kein besseres als das eines Sühnopfers. Aber ein Bild ists, das nicht ausgeschlachtet werden darf; ein Vergleich, nicht ein Dogma. Ich preise durch diesen Vergleich in tiefer Dankbarkeit die große Liebesthat Christi, eine That, die e r gethan hat, in Gottes Auftrag allerdings, aber doch mit seiner Person. Die Auferstehung und Einwohnung ist nicht seine, sondern Gottes Leistung. Aber sein S t e r b e n hat er in erster Linie vollbracht, ihm zu großer Qual, uns aber zur Seligkeit. Wenn daher auch sein ganzes Leben eine einzige große Liebesthat war, von der Menschwerdung bis zum Tode (2. Kor. 8, 9; Phil. 2, 7—8; Gal. 4—5), so prägt sich doch der grausige Tod, der Abschluß dieses unendlich segensreichen Lebens, unserm Gedächtnis und Gemüt und theologischen Denken am tiefsten ein.

Paulus hat, wie wir annahmen, die Vorstellung der Urgemeinde angetroffen, der G l a u b e an die Messianität und Auferstehung Christi wirke die Zugehörigkeit zum messianischen Heil. Aber er hat dieser Vorstellung religiösen Inhalt, religiöse Wahrheit gegeben, indem er den Glauben als pneumatisch gewirkt erkannte, so daß er unter πίστις geradezu das volle neue religiöse und sittliche Leben der Christen verstehen konnte. Und ebenso verhält es sich mit der Bedeutung des Kreuzestodes. Die Urgemeinde, um dieses Rätsel überhaupt zu begreifen, faßte ihn als einen Opfertod, der den an Christus Glaubenden Vergebung der Sünden wirke. Paulus aber hat diese Vorstellung dadurch begründet, daß er an den unschuldigen Tod des Herrn die pneumatischen Folgen anknüpfte. Um dieser Folgen willen ist der Tod stellvertretend für uns geschehen, kann er ein Sühnetod genannt werden. Denn, unschuldig erlitten, hat er uns Vergebung der Sünden indirekt wirklich gebracht. Beidemal aber liegt die Wahrheit in der Thatsache der ethischen Erneuerung begründet. Diese ist gemeint, mit πίστις nach einer ihrer Wirkungen im Menschen, mit dem stellvertretenden Leiden nach einer ihrer Ursachen im Leben Christi.

Und dabei werden auch wir Modernen stehn bleiben müssen. Es ist uns unmöglich, des Herrn Tod anders zu verstehen und schöner zu bezeichnen als es Paulus that. Auch wir bekennen, ohne diesen fürchterlichen Tod wäre keine der Folgen über uns gekommen, die uns so sehr beglücken. Mag man die himmlische Existenzform Christi als pneumatische Leiblichkeit fassen wie Paulus, so daß man dann freilich auch an der Vorstellung der pneumatischen Besessenheit nicht wird vorübergehen können, oder mag man Auferstehung, Existenz und Einwohnung des Heilandes rein geistig verstehen, so wird man zugeben müssen, daß die pneumatische Wirksamkeit Christi nur durch seinen Tod möglich war. Wäre der Herr nicht gestorben, so wüßten wir von ihm nichts als vielleicht daß er eine jüdische Sekte gestiftet habe. Er mußte sterben, damit er lebe. Und Leben heißt auch bei Paulus manchmal soviel als wirken.[1] Daher ist sein Tod auf alle Fälle die Bedingung unsrer Erneuerung, also auch unserer Sündenvergebung, kurz die notwendige Bedingung unsres Heils, die wichtigste Ursache desselben. Und wenn wir, näher hinblickend, den unschuldigen Tod Christi vergleichen mit der Vergebung schaffenden Folge desselben, so werden wir nicht zaudern, das uralte Bild eines Opfers, sei es des Sühne- oder Bundesopfers, auf seinen Tod anzuwenden. Wir stimmen ein in den Lobpreis Christi, wie ihn mit diesen Bildern alte und neue Zungen sangen. Ja, wir werden im Grund sogar mit dem Hebräerbrief darin einverstanden sein, Christus könne a l l e i n ein Sühnopfer genannt werden, indem er wirklich uns das verschaffte — allerdings indirekt —, was die alten Opfer in Wirklichkeit nicht zustande brachten, weil sie keine ethische Erneuerung schufen: Die S ü n d e n v e r g e b u n g. Es ist in der That so, wie Hebr. 10 sagt; das Gesetz und seine Opfer verhält sich zu Christus nur wie Schatten zur Wirklichkeit.

---

[1] „Christus lebet aus Gotteskraft" heißt: er wirkt mächtig in bezug auf euch (2. Kor. 13, 4, 3). Ἐν τῇ ζωῇ αὐτοῦ muß übersetzt werden: in seinem pneumatischen Wirken (Röm. 5, 10). „Ich werde leben mit ihm aus Gotteskraft ꝛc. (2. Kor. 13, 4) heißt: ich werde meine pneumatische Kraft euch gegenüber wirken lassen.

13. Kapitel.

Die theologisch-apologetische Verwertung des Todes Christi.

Der Tod Christi mit seinen pneumatischen Folgen bildet die Ursache unserer ethischen und religiösen Erneuerung, d. h. der ethischen Neuschöpfung und ihrer religiösen Folge. Das ist eine Thatsache der Erfahrung. Wir dürfen nun erwarten, daß, wo diese Thatsache theoretisch in Zweifel gezogen wird, wo also das religiöse Selbsterlebnis apologetisch, d. h. theoretisch sich rechtfertigen muß, es die eigene Gewißheit begründet durch Aufweisung der thatsächlichen, wenn auch nur teilweisen Ursache des neuen Lebens. Kurz: die religiöse Selbsterfahrung führt theoretisch den Tod Christi als Bedingung, damit auch als Garantie der Wirklichkeit des Heilslebens auf. Was man selbst erlebt hat als Folge des Todes Christi, das sucht man theoretisch Andern gegenüber auch zu rechtfertigen als Folge dieses Todes. Dies nenne ich die theologische Bedeutung der Kreuzesthatsache.

Allerdings — und das ist charakteristisch — gebraucht Paulus diese theoretische Beweisführung nur in apologetischer Absicht. Für sich hat er keine theoretischen Gründe nötig. Er hat Alles selbst erlebt, und was er erlebt hat, dessen Thatsächlichkeit braucht er sich nicht erst zu erweisen.

Dagegen Andern gegenüber, welche die Thatsächlichkeit des Heilslebens ἐκ πίστεως oder ἐν Χριστῷ leugnen, benutzt Paulus die große Thatsache des Kreuzes als wichtige Beweisinstanz.

Die Gegner des Paulus leugneten nämlich die Thatsächlichkeit dieses Heilslebens sowohl nach dessen Notwendigkeit wie Wirklichkeit.

Die Notwendigkeit wird dadurch in Frage gestellt, daß man annimmt, auch ohne die Pneumasendung hätte der Mensch zur δικαιοσύνη gelangen können. Es handelt sich hier um die Möglichkeit der Erfüllung des ethischen Gesetzes. Paulus entgegnet: Wenn wir aus unsern eigenen Werken hätten für gerecht erklärt werden können, so wäre Christi Tod nicht notwendig gewesen. Dieser Tod aber beweist die (Notwendigkeit der) δικαιοσύνη θεοῦ (d. h. des Pneumaempfangs), also eines Eingreifens von Oben (Röm. 3, 25, 26, 5). Inwiefern? Der Tod Christi hat den Zweck, uns das Pneuma und dadurch Sündenvergebung zu verschaffen. Christus starb für uns, da wir also noch Sünder waren. Wären wir es nicht gewesen, so hätte er nicht für uns sterben müssen. Denn schwerlich stirbt Jemand zu Gunsten und anstatt eines Gerechten (Röm. 5, 7). Ein Gerechter hat ja das gar nicht nötig. Wenn also Christus doch für uns starb, so beweist dies, daß wir eben Sünder waren, also auch den Willen Gottes nicht erfüllen konnten, also auch der Pneumasendung bedurften.

Wie die **Notwendigkeit**, so kann aber auch die **Wirklichkeit** der δικαιοσύνη θεοῦ, des pneumatischen Heilslebens, geleugnet werden. Wer nämlich für den Christen zur ethischen Erneuerung noch die Erfüllung ritueller Gebote als Heilsbedingung verlangt, der erklärt dadurch, die pneumatische Gabe Gottes sei an sich zum Heil nicht hinreichend, d. h. die ethische Erneuerung allein sei nicht δικαιοσύνη, also ihre Wirklichkeit als δικαιοσύνη wird bestritten.

Paulus antwortet: Wenn durch das (rituelle) Gesetz δικαιοσύνη kommt, so ist Christus umsonst gestorben (Gal. 2, 21) Der Erfolg seines Todes, die δικαιοσύνη θεοῦ, ist vereitelt. Wir werden, wir selbst, die Pneumatiker, die da suchen, gewissermaßen beanspruchen als Pneumatiker, ἐν Χριστῷ, für rechtbeschaffen erklärt zu werden, thatsächlich als Sünder erfunden (B. 17). Es fehlt uns ja noch das rituelle Gesetz. Erfüllen wir dieses nicht, so sind wir trotz unseres Pneuma Sünder. Christus, der uns ἐν Χριστῷ vermeintlich vom rituellen Gesetz freimachte, hat uns nur zur Vernachlässigung desselben veranlaßt, also zur Sünde. Er ist der Sünde Diener. (B. 17). Wenigstens Petrus erklärt ihn als Solchen und sich selbst als Sünder, indem er das rituelle Gesetz, das er vorher aufgelöst, jetzt wieder aufbaut (B. 18). Unter solchen Umständen aber, wenn durch das (rituelle) Gesetz δικαιοσύνη kommt, dann ist Christus umsonst gestorben. Die Gnadenerweisung Gottes wird als wertlos erklärt, wovor Paulus sich hütet (B. 21).

Der Apostel argumentiert also seinen ritualistischen Gegnern gegenüber so, daß er erklärt, wenn diese die Riten neben dem pneumatischen Leben noch für verbindlich erklärten, erklärten sie die Gnadenerweisung Gottes und auch die Liebesthat Christi am Kreuz für wertlos.

Zweifellos gilt diese Beweisführung wiederum nur dann, wenn wir zu dem Tod Christi dessen pneumatischen Folgen rechnen. Denn der Nerv des Schlusses liegt in B. 17: Wir, die Pneumatiker, wären noch Sünder, also nicht Rechtbeschaffene die Folgen des Todes, unsere δικαιοσύνη, wäre illusorisch, wenn zum Heil auch noch anderes verlangt würde, was ganz außerhalb des Pneuma liegt. Durch ein Gesetz bin ich einem anderen Gesetz abgestorben, damit ich Gotte lebe. Wenn wir unter dem „Leben Gotte" wie in Röm. 6, 10 (cf. B. 22) das pneumatische Leben verstehen und unter dem ersten Gesetz den νόμος τ. πν. (Röm. 8, 2), so daß Paulus also ἔννομος Χριστοῦ (1. Kor. 9, 21) wäre, so ergäbe sich der glatte Sinn. Durch das pneumatische Leben bin ich dem Gesetz abgestorben, bin ich mit Christo gekreuzigt, gestorben, so daß das rituelle Gesetz keine Macht mehr über mich hat (cf. Röm. 7, 1), aber so, daß Christus in mir lebt, trotz meiner irdischen Fleischesbeschaffenheit. Die Gewißheit des Apostels beruht also im letzten Grunde nich auf der Thatsache des Kreuzes, sondern auf der pneumatischen Erfahrung. Der Kreuzestod wird B. 20 und 21 nur deshalb erwähnt, weil es eine Undankbarkeit, ein Unrecht gegenüber dem Herrn sei, der uns geliebt und sich selbst für uns hergegeben, wenn wir jetzt die aus dem Tode hervorgehende χάρις b. h. Pneumasenbung verachten würden.[1]

Wir sehen, daß es mit der theologischen Verwertung des Kreuzestodes steht wie mit seiner Heilsbedeutung. Eigentlich kommt nicht dem Tode selbst, sondern seinen soteriologischen Folgen Heilserfolg und Beweiskraft zu, oder vielmehr den gesamten Heilsveranstaltungen Gottes, worunter auch der Tod Christi fällt. Da aber dieser wohl das markanteste Ereignis der Heilsökonomie Gottes bildet, ein Ereignis, welches die Gemüter der Christenheit am meisten beschäftigte, so kann es uns nicht wundern, wenn — pars pro toto — dieser Teil öfters das Ganze bezeichnen muß.

Ferner aber könnte die Wirklichkeit des neuen pneumatischen Lebens dadurch in Frage gestellt werden, daß man etwa dem Apostel als Pneumatiker noch das Mißfallen Gottes nachweisen könnte. Dies aber schien seinen Gegnern nur zu leicht möglich. Sie folgerten nämlich kurzerhand aus den vielen Mißgeschicken, Verfolgungen und Krankheiten, die ihn auf seinen Wegen trafen, es sei mit seiner pneumatischen Beschaffenheit und Apostelwürde nicht ganz in Ordnung. Besonders brutal müssen sich hierin die Korinther betragen haben. Anstatt ihn um der grandiosen Entsagungen und Leiden willen zu bewundern, stellten sie diese als Zeichen göttlichen Zornes in bedenklichen Vergleich mit seinem apostolischen Vollbewußtsein. Sie bezweifelten, ob es Christus sei, der in ihm rede, ob der Apostel ἐν τῇ πίστει stehe (2. Kor. 13, 3, 5). Paulus weist nun mit Recht auf das Beispiel Christi hin, der gekreuzigt wurde aus Schwachheit, aber lebt aus Gotteskraft.[2]

---

[1] Dieser Gedanke verträgt sich sehr wohl mit dem andern, die göttlich gewirkte Pistis versichere den Apostel trotz seiner Gesetzesfreiheit der Liebe Christi. Gedanke Nr. 1 folgt aus Nr. 2 und bildet den Uebergang zum Folgenden.

[2] Oder 2. Kor. 4, 7 f. sagt Paulus: Die Schwäche seines Leibes sei gottgewollt damit das Uebermaß der Kraft sei (erkannt werde als) Gottes Geschenk und nicht aus uns stammend (cf. 1. Kor. 1, 25 f.; 2. Kor. 12, 9, 10); die Korinther sollten an seiner Schwäche nicht nur keinen Anstoß nehmen, sondern für die Kraft danken, die, zu ihrem Heil wirkend, in der Schwäche offenbar werde; so daß bei dem Paulus reichlich verliehene pneumatische Gnadengabe vielfachen Dank hervorbringe zur Verherrlichung Gottes, der diese Kraft im Schwachen wirken lasse. (V. 15.) Obgleich er schwach sei dürften sie ihn daher nicht verachten, denn Gott selbst werde ihn bereits vor ihnen rechtfertigen, indem er ihn mit Jesus auferwecken werde (V. 14) und mit ihnen, den Korinthern ꝛc. Aber wird er auch wirklich auferweckt werden? Gewiß! Beweis genug ist sein Charakter als Pneumatiker. Er hat das gleiche Pneuma der Pistis wie sie, was hervorgeht aus dem λαλεῖν (ἐν γλώσσῃ, V. 13), das sie ja kennen müssen.

Paulus schreibt seine Verfolgungen zuweilen feindlichen Dämonen zu, wie ich denn z. B. auch Röm. 8, 31—39 die Angehörigen der am Schluß genannten Dämonenreiche vermute, welche ihn „ἕνεκεν σοῦ" verfolgen. Daher wirft der Apostel seinen körperlich stattlichen Widersachern geradezu vor, sie wollten mit ihrer falschen Verkündigung (der ἔργα νόμου) der Verfolgung durch die Dämonen ausweichen (Gal. 6, 12.)

Dieselbe Ursache hat der Hinweis auf den Tod Christi in Röm. 6, 5. Nicht nur in den eigenen Gemeinden, und zwar auf Schritt und Tritt, sondern auch in fremden, die er besuchen will,¹ muß Paulus das alte jüdische Vorurteil beseitigen, als folge aus seiner körperlichen Schwäche mangelhafter pneumatischer Charakter. Dem ganzen Zusammenhang nach ist in Röm. 5 noch die Rede von der Ungiltigkeit der rituellen Gesetzeswerke (cf. B. 20). Und da scheint es nun, als ob die Gegner aus seiner ἀνομία die Verfolgungen als göttliche Strafen herleiteten. Diesem Vorurteil begegnet Paulus mit der Antwort:

Als Pneumatiker (ἐκ π.) bin ich² δικθείς, habe also (ἔχομεν) Frieden mit Gott, (B. 1) und rühme mich der Hoffnung auf die Glorie, die mir Gott geben wird. Mit Rühmen bekenne ich diese Hoffnung meinen Feinden gegenüber, die mich aufgrund meiner Leiden als von Gott verfolgten Gesetzesübertreter verdächtig machen wollen und mir den Zorn Gottes verheißen. Ja sogar, ich rühme mich selbst der Leiden (B. 3), weil ich weiß, daß die Trübsal bei mir nicht die Wirkung übt wie beim Sünder, nicht Ungeduld, sondern Geduld, nicht Verwerfung, sondern Bewährung, nicht Furcht sondern Hoffnung. Diese Hoffnung aber wird (mich) nicht zuschanden machen, (B. 5) weil die Liebe Gottes³ ausgegossen ist in meinem Herzen durch den h. Geist, der mir gegeben wurde. In Summa: Paulus hat in seinem eigenen religiösen Lebensgefühl als sicher und gewiß erfahren, daß er, der ethisch Erneuerte, der Pneumatiker, wegen seiner Gesetzesfreiheit von Gott nicht als Sünder taxiert wird, trotz des äußern Anscheins, der Leiden. Damit ist er vor seinem eigenen Gewissen gerechtfertigt. Mehr braucht er sich selbst nicht zu sagen. Aber Andern gegenüber, welche seine Gewissenserfahrungen nicht kennen und nicht anerkennen, bringt er nun ein weiteres Argument: Denn (B. 5) noch da wir schwach waren, ist Christus zur festbestimmten Zeit für Gottlose gestorben.⁴ Gott hat also nicht nur von sich aus, ohne Rücksicht auf unsre Beschaffenheit, die Erlösung angeordnet, sondern auch um derselben willen Jesus sterben lassen. Wenn aber Gott aus seinem absoluten

---

Paulus könnte es gerade so behaglich haben wie sie. Wenn ich νῦν, d. h. als Pneumatiker, die Beschneidung predige, was werde ich noch verfolgt? Ich werde nicht mehr verfolgt werden (Gal. 5, 11). Denn es ist die Ueberzeugung des Paulus, daß die Gesetzespredigt teuflisch gewirkt ist, durch Verzauberung (Gal. 3, 1 ; cf. 2. Kor. 11, 3—4, 13—15), daß die Dämonen also Jeden verfolgen, der die Gesetzfreiheit predigt.

[1] Vgl. außer Röm. 6 auch Röm. 8, 26—3⁰, welche Stelle den gleichen apologetischen Zweck hat.
[2] Paulus versteht unter dem Wir, wie auch sonst häufig, sich selbst.
[3] Im Hinblick auf V. 8 ist wohl die Liebe Gottes zu uns gemeint. Allerdings wird nicht eigentlich sie, sondern das Bewußtsein von ihr ins Herz ausgegossen.
[4] V. 7 a soll beweisen, daß wir wirklich Sünder waren; 7b halte ich für unecht. Ueberhaupt unterbricht V 7 den Zusammenhang.

Gnadenwillen heraus und unter Anwendung dieses Mittels (des Todes seines Sohnes) unsre Erlösung anordnete, dann ist anzunehmen, daß der Zweck Gottes an uns auch erfüllt wurde, d. h. daß die Rettung vom zukünftigen Zorn uns, d. h. mir, sicher ist. Wenn wir (V. 9) zu Pneumatikern (νῦν) wurden und als solche für rechtbeschaffen erklärt wurden durch das furchtbare Mittel des Blutes Christi (und dessen pneumatische Folgen), dann werden wir auch sicherlich, ja desto mehr, gerettet werden durch dieses Blut[1] vom zukünftigen Zorn. Wäre unsere δικαιοσύνη selbst durch ein leichteres Mittel als durch den Tod Jesu zustande gekommen, so müßte sie, da sie einmal geschah, auch zu unsrer Rettung führen. Denn welch anderen Zweck könnte sie denn gehabt haben als diese Rettung? Noch viel mehr aber dürfen wir überzeugt sein von unserer zukünftigen Bewahrung, wenn wir bedenken, daß wir Pneumatiker wurden (νῦν) durch den absoluten Gnadenwillen Gottes und durch das harte Mittel des Todes Christi. Es ist nicht möglich, daß Gott uns nach dem Vorgefallenen sollte nochmals verloren gehn lassen, nachdem er uns durch den Tod seines Sohnes zu Pneumatikern machte, zu Rechtbeschaffenen erklärte. Aber auch, daß Gott uns, seine früheren Feinde, aus reiner Gnade erneuerte, beweist, daß die Erneuerung nicht erfolglos sein kann, nicht so, daß sie zur Rettung nicht auch wirklich führte. Denn was Gott abgesehn von, ja entgegen unsrer Mitwirkung anordnet, das führt er auch hinaus. Wenn wir aber vom Zorn gerettet werden, dann geht es auch nicht an, uns wegen unsrer Gesetzesfreiheit als Sünder zu toxieren. Diesen Gedanken führt Vers 10 nochmals durch. Wiederum geht Paulus von der bemerkenswerten Thatsache aus, daß wir, obgleich Sünder,[2] mit Gott versöhnt wurden; und daß zweitens diese Versöhnung geschah durch den Tod seines Sohnes. Aus diesen beiden Momenten folgert Paulus wieder, wir müßten noch viel mehr (als wenn die Versöhnung anders und leichter geschehen wäre), gerettet werden vom Zorn. Nur wird hier die Rettung vom Zorn nicht, wie in V. 9, abermals auf den Tod Christi gegründet, sondern auf seine Auferstehung, seine ζωή. Dieser Unterschied hat jedoch sachlich nichts zu bedeuten, da sowohl Tod wie Auferstehung lediglich als Bedingungen der Einwohnung Christi gemeint sind.

Diese meine Auffassung muß noch begründet werden durch Abweisung der andern. Man könnte nämlich die Stelle so verstehen, als wirke der Tod Christi als Sühnetod direkt unsere Freisprechung. So wollen wir denn diesen Gedanken probeweise einmal einsetzen und sehen, wieweit wir damit kommen! Paulus will sagen, Gott beweise seine Liebe gegen uns durch den Tod Christi, indem derselbe den Beweis für die Absolutheit des Liebeswillens Gottes enthalte. Alsdann aber

---

[1] δι' αὐτοῦ beziehe ich lieber auf αἷμα als auf αὐτοῦ, obwohl beide Beziehungen sachlich auf dasselbe hinauskommen.

[2] ὄντες muß das nicht vorhandene Part. der Vorvergangenheit ersetzen.

mußte Paulus fortfahren: Also garantiert uns die so erwiesene Liebe Gottes auch die zukünftige Rettung. Allein jetzt läge ein anderer Schluß in 8 b. Anstatt nämlich auf die Gesamtheit des göttlichen Liebeserweises gründete Paulus die zukünftige Rettung nur auf einen Teil derselben, auf den stellvertretenden Sühnetod; ja, er schriebe diesem Teil mit π. μ. eine noch viel größere Wirkung zu als dem Ganzen. Wozu aber hat er dann überhaupt das Ganze angeführt? Seltsame, unmögliche Logik! Oder will man das πολλ. μ. durch den Gegensatz von δικθ und σωθ begründen? Wenn wir freigesprochen sind durch sein Blut, so werden wir desto mehr durch dasselbe (oder denselben) gerettet werden! Hier wäre höchstens ein „hoffentlich", am Platz, aber kein „destomehr". Denn es ist, selbst wenn wir auch einmal gerechtfertigt wurden, nicht ausgeschlossen, daß wir dennoch nachträglich wieder in Sünde fielen und zuletzt trotzdem von dem Leben ausgeschlossen wurden. Jedenfalls folgt aus der Thatsache der Freisprechung durch Christi Blut nicht „noch vielmehr" unsre einstige Rettung. Das wäre vielmehr erst zu beweisen! Und selbst wenn der Gegensatz zwischen δικθ. u. σωθησ. das πολλῷ μ. rechtfertigte, so wäre ja wieder der Zusammenhang mit der Liebe Gottes in B. 8 aufgehoben. Wozu also B 8, wozu das οὖν? Und selbst wenn diese Schwierigkeiten sämtlich nicht existierten, wie kann Paulus in B. 10 die Rettung πολλῷ μ. auf die Auferstehung Christi[1] gründen, wo doch in 9 ausdrücklich die Rechtfertigung durch das stellvertretend sühnende Blut Christi zustande gebracht werden soll? Was hat auf einmal die Auferstehung hier zu schaffen? Ist denn Tod und Auferstehung dasselbe?

Alle Schwierigkeiten lösen sich, wenn wir den von uns angedeuteten Zusammenhang anerkennen: Schon der Pneumabesitz an sich beweist mir durch die darin gegebene Gewißheit der Liebe Gottes zu mir, daß ich auch als dem rituellen Gesetz entwachsen kein Sünder bin, also meine Leiden nicht verdient habe, also trotz ihrer der Rettung vom ewigen Zorn mich getrösten kann. Euch gegenüber aber wird meine Gewißheit durch die näheren Umstände bestätigt, unter denen mir Gott das Pneuma und damit das δικθηναι und die καταλλαγή verlieh. Er that es von sich aus und mit so schwerem Opfer, daß nicht anzunehmen ist, es werde seine Heilsanordnung vergeblich gewesen sein, oder, was dasselbe heißt, ich werde, obgleich Pneumatiker, dennoch als ein durch Leiden bereits gekennzeichneter Gesetzesübertreter des Lebens verlustig gehn. Denn wenn auch für den Pneumatiker nur von der rituellen Gesetzeserfüllung die δικαιοσύνη kommt, dann ist Christi Tod, obgleich er die Bedingung meines Pneumaempfangs war, dennoch vergeblich gewesen. So aber werde ich dereinst gerettet werden. Und nicht nur, schließt Vers 11 die Erörterung, auf die Zukunft geht meine Hoffnung und mein Rühmen, sondern schon auf die Gegenwart. Ich rühme mich Gottes; nicht fürchte ich mich vor

---

[1] In B. 6 gründet er sie gleichfalls auf den Geistesempfang.

ihm; durch unsern Herrn Jesus Christus, durch welchen ich als Pneumatiker (νῦν) die Versöhnung erhielt, bin ich dazu instand gesetzt.[1]

So haben wir denn auch bei Paulus gefunden, was uns unser eigenes Gewissen sagt, daß der Heilswert des Todes Christi sowie seine Beweiskraft nicht im Tode selbst, sondern in seiner Folge, der ethischen Erneuerung liegt; und daß der Tod Christi nur als notwendige Bedingung, als Teilursache der Erneuerung in Betracht kommt.

VI. Teil.

Die Mystik des Apostels.

14. Kapitel.

Die paulinische Glaubensmystik.

Bisher haben wir einige sonst gern als Hauptstellen behandelte Abschnitte der paulinischen Briefe ignoriert. Es geschah dies aus dem Grunde, weil sie für die eigentlich wertvollen Heilserfahrungen des Apostels ohne große Bedeutung sind.

Dieses Urteil aber muß nachträglich noch begründet werden durch eine eingehende exegetische Behandlung dieser Stellen. Zunächst nehmen wir Röm. 6, 1—7, 6, aus welchem Abschnitt man gewöhnlich eine paulinische Glaubensmystik ableitet.

In Röm. 6 haben wir einen der schwierigsten ἤ ἀγνοεῖτε-Sätze vor uns. Auch hier will Paulus theoretisch leugnen, was er doch in praxi stets vor Augen sehen muß, nämlich daß auch ein Pneumatiker sündigen kann. Wie aber wollen wir einen sicheren Punkt gewinnen, der uns einen klaren Einblick in den eigentlichen Gang dieser schwierigen Erörterung gewährt?

Man möge mir in diesem einzigen Falle gestatten, zwei Erklärungen darzubieten, eine früher von mir approbierte, aber jetzt wieder aufgegebene, und eine neue, an der ich wohl festhalten werde. Ich will durch diese Doppelerklärung zeigen, wie furchtbar schwierig diese Stelle ist, so daß man sich mit aller Gründlichkeit selbst in der Irre herumführen kann; wie verzweifelt schwer es wird, einen deutlichen Pfad hindurchzufinden, falls man es verschmäht, auf den bequemen Wegen paulinischer „Mystik" stets um die eigentlichen Schwierigkeiten im Kreis

---

[1] Auch hier, wie z. B. 7, 25 muß hinter διὰ Ἰησοῦ Χριστοῦ ein Verbum eingefügt werden.

herumzuspazieren. Ich fand früher den gesuchten festen Punkt in V. 14, wo Paulus das vorher Gesagte zusammenfaßt: Die Sündigkeit wird über euch nicht herrschen, denn nicht seid ihr unter dem Gesetz, sondern unter der Gnade. Was heißt hier „unter dem Gesetz"? Man frage V. 15. Dieser Vers weist den Einwurf zurück, als dürfe man nun sündigen, weil man nicht mehr unter dem Gesetzesfluch stehe. Denn der Gesetzesfluch muß gemeint sein, nicht der Sündenzwang des Gesetzes. Wäre letzterer gemeint, so könnte der obige Einwurf gar nicht erhoben werden. Denn wenn ich von der zur Sünde zwingenden Gesetzesmacht befreit bin, so kann ich unmöglich daraus folgern, daß ich nun erst recht sündigen wolle. Denn darin besteht ja die Befreiung, daß ich gar nicht mehr sündigen kann. Wohl aber ergiebt sich ein klarer Sinn, wenn wir folgenden Gedanken lesen: Wenn ich von dem Gesetzesfluch, d. h. von der Sündenstrafe, befreit bin, so könnte ich auf die Meinung kommen, nun dürfe ich ungestraft sündigen; ein Irrtum, den ja die Kirchengeschichte als wirklich vorgekommen bestätigt. Diesen Gedanken aber bekämpft Paulus im Folgenden, indem er beweist, daß wir, sobald wir sündigen, auch wieder in die ethische Knechtschaft der Sünde zurückfallen, also auch wieder dem Sündenfluch, also auch wieder dem Tod unterworfen sind (bes. V. 16). Also bleibt der Libertinismus, den V. 15 andeutet, ausgeschlossen. Kehren wir nun zu V. 14 zurück, so lernen wir: Die Sündigkeit wird über uns nicht herrschen, denn wir sind ja von der Sündenstrafe befreit.

Ein wunderlicher Satz: Paulus folgert aus der forensischen Thatsache des Erlasses der Sündenstrafe die ethische Thatsache, daß wir erneuert sind.

Allein soweit werden wir jetzt wohl das jüdische Denken kennen, daß wir aus ihm heraus obige Argumentation verstehen. Wir haben bereits gesehen, daß Abraham aus der äußeren Thatsache der Sohnesverheißung schließt auf die Sündenvergebung. Aus der allgemein anerkannten Thatsache, daß Gott die Welt richten wird, folgt für das innere Wesen Gottes, daß er nicht ungerecht sein kann (Röm. 3, 6). Aus der äußeren Thatsache ekstatischer Ausrufe folgt die innere, den Ausrufen entsprechende ethische Beschaffenheit (Röm. 8, 12—17; Gal. 4, 6 —7). Die Sündigkeit des Fleisches wird erschlossen aus seinem äußeren Schicksal, dem Tod. Wenn es dem Juden äußerlich gut geht, so ist er überzeugt, daß ihm auch innerlich zur Rechtbeschaffenheit nichts fehlt (Ψ Sal, Hilgenf. S. 388). Also folgt (Röm. 6, 14) aus der Strafbefreiung, daß wir der Strafbefreiung auch wert, d. h. rechtbeschaffen sein müssen, daß also ein Pneumatiker nicht sündigen kann, quod erat demonstrandum.

Was Paulus Röm. 6, 3—14 sagt, ist nichts als ein Beweis dieses Gedankens.

Der Apostel beginnt (V. 3—4) mit einer allegorischen Auslegung der Taufe. Wie viele wir getauft wurden εἰς Χριστόν, εἰς τὸν θάνατον αὐτοῦ ἐβαπτίσθημεν. Indem ich hier einstweilen das εἰς Χριστόν unerörtert lasse, frage ich: Was heißt εἰς τὸν θάνατον αὐτοῦ βαπτισθῆναι? Der Satzton liegt auf αὐτοῦ: „Zum Zweck seines Todes", d. h. zum Zweck dessen, daß wir sterben wie er starb, daß wir seinen Tod sterben.¹ Daß es sich dabei um unsern Tod handelt, beweist alles Folgende, besonders V. 4: Wir wurden also mit ihm begraben durch die Taufe zum Zweck des (unseres) Todes. Das „mit ihm" ist zu verstehen wie 2. Kor. 4, 14 σὺν Ἰησοῦ ἐγερεῖ, wo also σύν nicht die Gleichzeitigkeit, sondern die Gleichartigkeit bedeutet.² Also V. 4: Wir wurden begraben wie er durch die Taufe mit dem Zweck und Erfolg, daß wir starben. Ebenso V. 3: Wir wurden getauft zum Zweck seiner Art und Weise zu sterben, zum Zweck und Erfolg, daß wir sterben wie er. Auf welche Weise, aber ist er gestorben? Er wurde auferweckt aus Toten durch die Herrlichkeit des Vaters. Und auch wir sind, wie er, durch die Taufe begraben, so daß wir wirklich starben, damit auch wir in Neuheit des Lebens wandeln (V. 4). Also Absicht des Todes Christi war seine Auferstehung, Absicht unsres Mitsterbens, das er stellvertretend gewirkt hat, ist unser Wandel in Neuheit des (pneumatischen) Lebens. Aber ist diese Absicht wirklich erreicht? Darum handelt es sich ja gerade. Wie will Paulus beweisen, daß wir wirklich als Christen, als Pneumatiker in vollständiger Neuheit, d. h. Sündlosigkeit wandeln?

Er beweist es auf eine höchst merkwürdige Art, nämlich durch einen seltsamen Umweg. Er schließt zunächst aus unsrer Sündenvergebung auf die Gewißheit der Auferstehung, des Lebens nach dem Tode, und von dieser Gewißheit wieder zurück auf unsere ethische Beschaffenheit. Dieser Schluß ist uns nicht neu. 2. Kor. 4, 14 folgerte Paulus gleichfalls aus seiner Unsterblichkeitshoffnung seine Qualität als

---

¹ Sollte sich Jemand an dieser Auflösung des Genetivs αὐτοῦ stoßen, so vergleiche er 2. Kor. 1, 5: παθήματα τοῦ Χριστοῦ sind nicht die eigentlichen Leiden Christi, sondern Andrer Leiden, welche den Leiden Christi der Art nach ähnlich sind. So Röm. 6 der Tod, welcher dem Christi entspricht. Ebenso 2. Kor. 4, 10: Die νέκρωσις τοῦ Χριστοῦ, die Tötung, ähnlich der Christi. Ebenso Phil. 3, 10: συμμορφιζόμενος τῷ θανάτῳ αὐτοῦ: Aehnlich gemacht dem Tode Christi, d. h. indem ich sterbe wie Christus starb. Der σταυρὸς τοῦ Χριστοῦ ist ein Leiden, ähnlich dem, wie es Christus litt, nicht das Leiden Christi selbst (Gal. 6, 12). (Vgl. B. 17.)

² Die gleiche Bedeutung kommt dem σύν auch sonst zu. Z. B. 2. Kor. 14, 4 heißt ζήσομεν σὺν αὐτῷ: Ich werde pneumatisches Leben beweisen euch gegenüber, gleichwie Christus trotz seiner Schwäche, die zum Kreuzestod führte, zum Leben aus Gottesckraft erweckt ward. Auch in Gal. 2, 20 spielt der Gedanke mit: Ich bin wie Christus gekreuzigt, so daß ich (der Sünde abstarb, aber Gott) lebe. (Vgl. Gal. 3, 9). Aber ich lebe nicht ich selbst, sondern Christus lebet in mir. Thatsächlich enthält ja die lokale und zeitliche Gleichartigkeit häufig auch eine sachliche. Wenn wir zugleich mit dem κόσμος verurteilt werden, 1. Kor. 11, 32, so werden wir es auch in derselben Art wie jener. Σύν ist die Praeposition der Vergleichung. Vgl. συμπάσχω u. δοξάζω Röm. 8, 17; συμμορφίζω Phil. 3, 10; συστενάζω und συνωδίνω Röm. 8, 22; σύμψυχος Phil. 2, 2; συμμιμητής Phil. 3, 17; σύμμορφος Röm. 8, 29, Phil. 3, 21 und andere derartige Komposita. Ueberhaupt werden die meisten derselben den Gedanken der Gleichartigkeit enthalten.

Pneumatiker. Ebenso schließt er Röm. 8, 17. Indem er hier die Behauptung von Röm. 6 und 7, 1—6 wieder aufnimmt, daß ein Christ nicht mehr Schuldner des Fleisches sei, so daß er nach dem Fleisch lebe, beweist er das kurz damit, daß sie ja, wenn sie durch das Pneuma die πράξεις τ. σ. töteten, leben würden. Andernfalls müßten sie sterben. Aber werden sie auch leben? Wenn Paulus dies gewiß machen kann, dann hat er auch dargethan, daß sie rechtbeschaffen, der Sünde nicht mehr unterworfen sind. Und er beweist ihre Unsterblichkeit daraus, daß sie (V. 14—16) ihren Zustand als Kinder Gottes offenbaren durch die entsprechenden ekstatischen Ausrufe. Sind sie aber Kinder, so sind sie auch Erben des ewigen Lebens (V. 17), gewißlich, trotz etwaiger Leiden. Also müssen sie auch (V. 13) notwendig der ethischen Gewalt der Sünde entronnen, der Auferstehung wert sein.

Treibender Gedanke dieser Argumentation ist: Es giebt keine Sündenvergebung — die sich in ihren Folgen äußert als ewiges Leben — ohne ethische Erneuerung.

Demnach schließt Paulus Röm. 6 weiter: Wir wandeln wirklich in Neuheit des Lebens, denn (V. 5), wenn wir Zusammengewachsene (Genossen des Todes) sind (wir und Christus) durch das Nachbild seines Todes, die Taufe, so werden wir auch zusammengewachsene Genossen der zukünftigen Auferstehung sein. Weshalb? Wir sind schuldbefreit, also liegt auch unserer Auferweckung zum Leben nichts im Wege. Denn das erkennen wir (V. 6), daß unser alter Mensch mitgekreuzigt wurde, damit (durch Christi stellvertretenden Tod) abgethan, vernichtet werde der Sündenleib. Unser Sündenleib ist so gut wie selbst gestorben, da Christus für uns, an unserer Statt, starb. Also haben wir der Sündenschuld genuggethan, sind wir der Schuld entronnen, so daß wir (6 c) der Sünden s ch u l d nicht mehr unterworfen sind. Wir stehen nicht mehr unter Herrschaft der Sündenstrafe, des Todes (Röm. 6, 9; 1. Kor. 15, 54, 55; denn auch der Tod übt, als Sündenstrafe, eine Königsherrschaft über die Sünder aus Röm. 5, 12, 14). Nun wir aber gebüßt haben, selbst gestorben sind, hat die Sünde keine Strafgewalt mehr über uns. Denn (V. 7) der Gestorbene ist freigesprochen von der Sündenstrafe oder Schuld.[1] Wenn wir aber (V. 8) gestorben sind mit Christus, d. h. so gut wie C h r i s t u s s e l b s t, so haben wir die feste Ueberzeugung, daß wir auch mit ihm und wie er leben werden. Wir können nicht mehr sterben, nicht mehr dem Tode verfallen,

---

[1] Ueber die Wortbedeutung dieses δικαιόω vgl. zu den gewöhnlich angeführten Stellen Act. 13, 39 ꝛc. noch Test. XII Patr. (Sinker, S. 137): ἰδοὺ προείρηκα ὑμῖν πάντα, ὅπως δικαιωθῶ ἀπὸ τῆς ἁμαρτίας. Auch hier: Befreiung von der Schuld. Ebenso Matth. 11, 19: Die Judenweisheit will sich frei machen von (der Sündenschuld an) ihren Werken, indem sie die Bußprediger, die ihre Schuld darthun, als Dämonische oder als Weinsäufer ꝛc. der Lächerlichkeit preisgeben. Ueber die S a ch e : 1. Kor. 5, 5. Aus der Vernichtung des Leibes durch den Satan folgt das Leben des Pneuma deshalb, weil der Betreffende durch einen grauenhaften Tod für seine Sünden gebüßt hat.

da wir schon gestorben sind. Wir können die Sündenstrafe nicht noch einmal erleiden, da wir sie schon erlitten haben. Denn wir wissen (9), daß Christus, auferweckt von den Toten, nicht mehr stirbt. Sein Tod wiederholt sich nicht. Der Tod hat über ihn keine Macht mehr. Denn (V. 10) was er gestorben ist, ist er ein (und für alle) Mal gestorben der (unserer) Sünde, so daß die Sünde keine Strafmacht mehr über ihn hat. Was er aber lebt, das lebt er Gotte, d. h. in pneumatischem Leben, welches keinen Tod mehr zuläßt. Damit ist bewiesen, daß auch wir, als von Sündenschuld durch unsern Tod — ben allerdings Christus erlitten hat — freigesprochene nicht mehr sterben, sondern ewig mit ihm leben werden. Und nun zieht Paulus die Schlußfolgerung: Weil wir der Auferstehung und der Freiheit vom ewigen Tode gewiß sind, in derselben Weise wie Christum haltet auch ihr euch selbst für gestorben der Sündenschuld, lebend aber Gott, als ἐν Χριστῷ Seiende. Als Befreite von der Sündenschuld dürft ihr überzeugt sein, ἐν Χριστῷ wirklich auch ein ethisches Leben zu führen, das ein Leben τῷ θεῷ, nicht mehr ein Leben unter der Sündenmacht genannt werden kann. Denn das ζῆν τῷ θεῷ besteht (οὖν V. 12) darin, daß die Sündigkeit nicht mehr Herrschaft hat, nicht einmal in eurem sterblichen Leibe ꝛc. Das ζῆν τῷ θεῷ ist gleich dem δουλωθῆναι τῷ θεῷ (V. 22) d. h. wie dort klar und deutlich gemeint wird, das Gegenteil von der ethischen Knechtschaft unter der Sünde. Und zum Schluß faßt Paulus die ganze Argumentation nochmals zusammen: Denn die Sünde wird (ethisch) nicht mehr über euch herrschen, denn ihr seid nicht mehr unter dem Gesetzesfluch, sondern unter der Gnade (V. 14.)

Diese Erklärung erschien mir im Lauf der Zeit als schwach in folgenden Punkten:

1. Unser Mitkreuzigen ꝛc. wäre in doppeltem Sinne, bald als ethisches, bald als forensisches, gebraucht, was eine fortdauernde Unsicherheit des Apostels im Sprachgebrauch auf einem kleinen Raum involvierte.

2. Die Mitkreuzigung des alten Menschen, die Vernichtung des Sündenfleisches, die Knechtschaft unter der Sünde in V. 5, sowie das der Sünde Absterben (V. 10), das der Sünde tot Sein (V. 11) sind jedoch überhaupt sonst bei Paulus nur in ethischem, nicht in forensischem Sinne, gebraucht. Ich überzeugte mich zudem, daß bei Paulus der Tod Christi zwar durch seine Folgen, aber nicht durch sich selbst unsre Sünden wegnehme, was ich früher nicht in dieser Schärfe angenommen hatte.

3. Obgleich augenscheinlich in V. 9 b—10 die Argumentation sich scharf auf den in V. 11 geplanten Angriff conzentriert, kommt bei meiner Erklärung doch 9—10 nicht genügend zur Geltung.

Neuerdings habe ich nun bei einer andern Erklärung volle Beruhigung gefunden. Der Apostel setzt voraus und bezweifelt nicht, daß durch die Taufe Christus in den Christen einwohnt. Alle Getauften sind ἐν Χριστῷ. Daher kommt ihre Sündlosigkeit. Sie sind der Sünde thatsächlich ethisch abgestorben.

Wenn also Jemand behauptete, ein Christ könne trotzdem sündigen, so behauptet er damit, der betr. Christ sei nicht mehr ἐν Χριστῷ, Christus wirke nicht mehr in ihm. Christus habe aufgehört in ihm zu leben, Christus sei überhaupt nicht mehr lebendig, sondern tot. Dies aber ist unmöglich. Also hört Christus auch im Christen nicht auf zu leben, zu wirken, ihn von aller Sünde frei zu erhalten. Ein Christ kann also nie wieder sündigen.

Im Einzelnen: V. 3—5 behauptet, was Niemand in der Gemeinde bestreitet, daß ein Getaufter vermöge seines ἐν Χριστῷ-Seins der Sünde abstarb. V. 6—8 behauptet, daß dies Absterben ein dauerndes, ein ununterbrechbares sein muß. Und V. 9—11 beweist die Behauptung. Der Gedanke von 3—5 wird eingeleitet V. 3: Wieviele wir getauft wurden εἰς Χριστόν, wurden wir zum Zweck des Sterbens, wie er starb, getauft. Was heißt zunächst: βαπτ. εἰς Χριστόν? Indem ich auf das nächste Kapitel verweise, will ich es kurz übersetzen mit: Getauftwerden zum Zweck und mit dem Erfolg, daß man Christum bekennt. Wer Christum bekennt, ist ein Pneumatiker. Wirkt also die Taufe das Bekenntnis, so hat sie auch das Einwohnen gewirkt (oder doch bewiesen), also ist unter dem Bekenntnis, einer Folge des Einwohnens, auch die vorausgesetzte Ursache des Bekenntnisses, das Einwohnen, mitverstanden. Nun aber liegt in diesem Einwohnen auch noch eine andere Folge: Wir wurden auf seinen Tod hin getauft, d. h. die Taufe, die unsre pneumatische Besessenheit bewirkte, bewirkte auch, daß wir starben, wie Christus starb. Wir erlitten sein Sterben, wir starben wie Christus. Wie aber starb er? So, daß er wieder auferstand. So starben auch wir. Wenn wir also zum Zweck seines Sterbens starben, so wurden wir demnach (οὖν, V. 4) mitbegraben mit ihm durch die Taufe zum Zweck des (unseres) Sterbens, aber so, daß dieses unser Sterben ein ethisches der Sünde Absterben war, welches den positiven Zweck und Erfolg hatte, daß, wie Christus auferweckt wurde aus Toten durch die Herrlichkeit des Vaters, also auch wir in Neuheit pneumatisch gewirkten ethischen Lebens wandelten. Denn (V. 5) wenn wir (in betreff unseres ethischen Schicksals) mit ihm zusammengewachsen sind durch die Gleichartigkeit[1] des Sterbens, so daß wir starben wie er starb, so werden wir

---

[1] So übersetze ich jetzt mit Böhmer (b. Ap. P. Br. a. d. R. 1886, S. 191), unter Berufung auf Röm. 5, 14. Was dagegen meine frühere Erklärung angeht, so muß ich nunmehr die Identifikation des „Abbildes seines Todes" mit der Taufe verwerfen. Die Taufe kann nicht mit dem Tod Christi direkt in Beziehung gesetzt werden. Wohl wirkt die Taufe die Auferstehung zum neuen ethischen Leben, aber die Auferstehung Christi wurde nicht durch seinen Tod, sondern durch die herrliche Macht des Vaters hervorgebracht. Und selbst wenn man zugeben wollte, daß der Tod Christi, als Bedingung seines Lebens, auch dessen Ursache genannt, also mit der Taufe in Parallele gesetzt werden könnte, so tritt der Einwurf entgegen: Die Taufe ist bei uns Ursache nicht nur des Lebens, sondern auch, daß wir der Sünde abstarben. Sie wirkt also auch unsern Tod, kann daher

auch mit ihm zusammengewachsen sein durch die Gleichartigkeit der Auferstehung. Unser Schicksal ist untrennbar zusammengewachsen mit dem seinigen, indem wir nämlich das erkennen, daß unser alter Mensch mitgekreuzigt wurde, d. h. gleichartig so gekreuzigt wurde wie Christus, d. h. so, daß vollständig abgethan werde der Leib der Sünde, d. h. so, daß wir vollständig von der Uebermacht der Sünde befreit wurden, d. h. so, daß wir n i ch t m e h r Knechte sind der Sünde.

Wir müssen Halt machen. In V. 3—5 wurde die Parallele zwischen unserem ethischen Tod und dem Sterben Christi wesentlich darin gefunden, daß der Tod jedesmal zu einer Auferstehung führte, bei Christus zur pneumatischen, bei uns zur ethischen. Mit V. 6 aber kommt in die Erörterung ein neues Moment. Das τοῦτο γιν. kündigt den neuen Gedanken an, daß unser ethisches Sterben so vollständig, und unser ethisches Neuleben so ununterbrechlich sei wie es das Leben und Sterben Christi war. Darum der übertreibende Ausdruck von der Vernichtung des Sündenleibes, obgleich ja eigentlich nicht der Leib vernichtet wird, sondern bloß die Uebermacht der in ihm wohnenden ἁματρία. Es kommt den Apostel eben darauf an, zu beweisen, daß wir n i ch t m e h r der ἁμ. dienstbar sind und sein können. Wir sind ihr vollständig abgestorben, also auch ihres Einflusses ledig. Denn der Gestorbene ist freigesprochen von der ethischen Gewalt der Sündigkeit (V. 8).[1] Unser Sterben ist also ein vollständiges, entsprechend dem Sterben Christi. Wie aber will Paulus dies beweisen? Aus dem p o s i t i v e n Moment der Einwohnung Christi. Dieses positive, die ethische Erneuerung, wird in demselben Grad erteilt wie das negative des Absterbens. Es folgt also zunächst: Wenn

schwer auf der Seite Christi mit seinem Tode verglichen werden, welcher die Bedingung seines L e b e n s war. Außerdem ließe die Taufe sich, als Ursache auch unsres ethischen L e b e n s, ebensogut mit der Auferstehung Christi parallelisieren. Nun will man allerdings bei der Taufe an die zwei Momente des Untertauchens und Aufsteigens denken. Leider steht hievon nichts da. Und wenn es gemeint wäre, würde es die Verwirrung noch steigern, indem jetzt die Taufe, ein Symbol des Todes Christi, wieder ein solches sowohl des Todes als auch der Auferstehung sein sollte. Will man die Stelle richtig verstehen, so muß man bei ὁμοιώμ. τ. θ. die Taufe ganz vergessen und nur an die W i r k u n g e n der Taufe, unser neues ethisches Leben, denken, welches allerdings in den zwei Momenten des Gestorbenseins und des neuen Lebens besteht.

[1] Ἀπ. hat forensischen Charakter. Man darf also nicht schlankweg übersetzen „befreit von der Sündenmacht", wenn man nicht betont, was allerdings gewöhnlich nicht geschieht, daß die Befreiung von der ethischen Uebermacht der Sünde thatsächlich eine Lossprechung von dem göttlichen Fluch bedeutet, durch welchen, wie wir annehmen (Kap. 11), die Uebermacht der ἁμαρτία hervorgerufen wurde. An unsrer Stelle will Paulus sagen: Ein vollständig Toter ist jedem Anspruch entwachsen. Also, wenn auch wir ethisch vollkommen tot sind der Sündigkeit, so hat diese auch den von Gott ihr gegebenen ethischen Anspruch auf uns verloren. Paulus vermischt aber Beispiel und Anwendung, indem er sie zu e i n e m Satz zusammenzieht. Eigentlich sollte V. 7 in eine allgemeine Behauptung (ὁ ἀπ.) und deren spezielle Anwendung auf uns zerlegt werden.

wir (B. 8) gestorben sind mit Christus, ebenso vollständig wie Christus, so glauben wir, sind wir der Ueberzeugung, daß wir in derselben Weise wie er, nämlich vollständig, auch (ethisch) leben werden,[1] leben müssen. Das geben wir zu, halten wir für wahr, πιστεύομεν. Genau in dem Grabe, in dem wir der Sünde abstarben, sind wir auch ethisch erneuert, und umgekehrt. Daß wir aber ebenso vollständig der Sünde abstarben wie Christus und ebenso ununterbrochen leben wie er, beweisen wir aus der Erkenntnis, (B. 9), daß Christus, auferweckt aus Toten, n i c h t m e h r s t i r b t. Dies ist der Hauptgedanke. W e s h a l b er nicht mehr stirbt, (B. 9 b—10), wollen wir erst nachher erörtern, um den Hauptgedanken rasch zu Ende zu führen. Ebenso nun als wie Christus n i c h t m e h r s t i r b t, so[2] (οὕτως B. 11) haltet auch ihr euch selbst dafür, daß ihr (wirklich, unwiderruflich tot seid der Sündigkeit, lebet aber ebenso ununterbrechlich ethisch Gotte; denn ihr seid ja von dem Christus, der nicht stirbt, bewohnt. Aus eurem ἐν Χριστῷ-Sein folgt das andere. Es ist ja ganz klar: Wenn der in euch wohnende Christus nicht mehr stirbt und sterben kann, so kann auch sein Wirken in euch nicht mehr aufhören, also könnt ihr auch nicht mehr in Sünde fallen, was zu beweisen war.

Der Gedankengang ist gewiß einleuchtend: Unser ethisches Sterben entspricht unserm ethischen Leben. Unser ethisches Sterben und Leben entspricht dem Sterben und Leben Christi. Nun aber ist das Leben und Sterben Christi abgeschlossen, fertig, unveränderlich. Also ist auch das unsrige abgeschlossen, denn unser ethisches Leben und Sterben ist gewirkt durch den einwohnenden Christus, dessen Einwohnen in uns durch die Taufe vermittelt wurde. So wenig als Christus jemals sterben kann, so wenig kann unsre Sündlosigkeit jemals unterbrochen werden; sie wird ja durch Christus gewirkt, dauert also solange als er selbst.[3]

Nun aber muß noch untersucht werden, weshalb Christus nicht mehr stirbt. Paulus behauptet: Der Tod hat keine Macht über Christus. Denn was er starb, starb er der ἁμαρτία, mit einem Male. Aber ist es denn möglich, daß Christus nötig hatte, der Sündigkeit abzusterben wie wir? Wir wollen uns erinnern, daß

---

[1] Σῦν bedeutet: wieder die Gleichartigkeit. Nur besteht die Gleichartigkeit jetzt in etwas Anderem als 3—5. Die Gleichartigkeit ist eine andere, da der Gedanke von der allgemeinen Bezeichnung unseres Sterbens als Auferstehungstod auf den speziellen Gedanken der V o l l s t ä n d i g k e i t dieses unseres Sterbens losstrebt. Das σύν, ein rein formaler Begriff, begleitet den Gedanken überallhin, empfängt aber von ihm erst seinen Inhalt.
[2] οὕτως beziehe ich dem Sinne nach nicht zu λογ, sondern zu νεκρ. und ζῶντας.
[3] Aber könnte nicht Christus einen Menschen auch wieder verlassen, so gut die bösen Geister aus- und einfahren? An dieser Annahme hinderte den Paulus die vor Augen liegende Thatsache, daß die Christen, auch wenn sie sündigten, sich doch durch kultische Handlungen (Ekstase) als Pneumatiker erwiesen. Nicht einmal von dem Blutschänder (1. Kor. 5) nimmt er an, Christus habe ihn verlassen, ja nicht einmal von den götzendienerischen Christen (1. Kor. 10, 14 f.), so daß er bei den Letzteren gezwungen ist, dämonische Besessenheit neben der pneumatischen anzunehmen. Vgl. b. sgbe. Kap.

Christus, obwohl ohne Thatsünde, doch eine σάρξ trug wie wir. Wenn er auch vermöge seines pneumatischen Ichs die sündige Neigung der σάρξ nicht zur Thätigkeit kommen ließ, so war sie doch wenigstens vorhanden. Nun aber haben wir gesehen, daß auch bei uns die Sündigkeit der σάρξ mit ihrem Tod ursächlich zusammenhängt. Fleisch und Blut können nun einmal nicht das Reich Gottes ererben (1. Kor. 15, 50.) Wie aber bei uns, so auch bei Christus. Wenn (1. Kor. 2, 8 f.) die bösen Geister, die Beherrscher dieses Aeon, über ihn soweit Macht bekamen, daß sie ihn kreuzigten (natürlich durch Vermittlung der von ihnen besessenen Menschen), so kann das nur dadurch möglich geworden sein, daß auch die σάρξ Christi wegen der in ihr wohnenden ἁμαρτία dem Tode verfallen war. Man darf also mit Recht sagen, er sei der Sündigkeit erst mit dem Tode vollständig abgestorben, aber er habe auch durch den Tod die allgemeine Strafe der σάρξ erlitten, mit einem Male, so daß eine Wiederholung des Todes unnötig ist. Aber nun kommt eine neue Schwierigkeit: In V. 9—10 vermengen sich verschiedene Gedanken. Erstens: Christus starb forensisch durch seinen physischen Tod der sündigen Anlage, indem er um ihretwillen den Tod erlitt. Er entrann damit allerdings auch ethisch ihrem Vorhandensein. Wir aber starben noch nicht physisch dem Sündentrieb, denn wir leben noch und müssen um seinetwillen erst noch physisch sterben. Und ethisch sterben wir nicht der sündigen Anlage, welche vielmehr bleibt, sondern nur ihrer Uebermacht über den inneren Menschen, welcher Uebermacht hinwiederum Christus nicht ethisch abzusterben brauchen, da sie in ihm nie vorhanden war. Man könnte also sagen, die Parallele stimme nicht. Aber dann würde man den Character dieser Parallele nicht verstehen. Unser ethisches Absterben und Neuleben läuft dem Christi nicht parallel, sondern ist durch dasselbe ursächlich bedingt. Indem das Sterben Christi Bedingung seiner Auferweckung wurde, indem ferner dieses Auferweckungssterben für uns Ursache des ethischen Sterbens und Neulebens war (vermittelst der Einwohnung), ist letzteres durch seinen Auferstehungstod verursacht. Dieses Moment tritt besonders in V. 9—11 hervor, wo als Ursache der Absolutheit unseres ethischen Sterbens und Lebens die Absolutheit des Sterbens und Lebens Christi aufgeführt wird. Als von ihm, dem ewig Lebenden, bewohnt (ἐν Χριστῷ Ἰησοῦ V. 11) müssen wir vollkommenes ethisches Leben besitzen. Dieser Zusammenhang ist ganz durchsichtig. Auch die Begründung der Absolutheit des Sterbens und Lebens Christi in 9 b—10 kann vom Standpunkt des Apostels aus nicht bestritten werden. Und da es auf die Folgerung von V. 11 allein ankommt, so ist dem Apostel der Beweis wirklich geglückt. Anders aber steht es mit V. 3—8. Hier ist die Parallele wirklich nichts als Parallele. Unser ethisches Sterben wird mit dem physischen Tode Christi verglichen, unser ethisches Neuleben mit seiner Auferstehung. Nicht wirkt sein Tod unser ethisches Absterben, seine Auferstehung unser ethisches Neuleben, sondern die Folge von Tod und Auferstehung, die Einwohnung, hat sowohl unser Sterben wie Leben hervorgebracht. Daher dürfen wir hier nichts als eine Parallele sehen: Wie das Sterben Christi ein Auferstehungstod war, so auch bringt unser ethisches Absterben notwendig ein Neuleben mit sich. Aus diesem Grunde hat auch V. 3—8 keine Beweiskraft für das, was Paulus eigentlich am Schlusse folgern will. Die Beweiskraft liegt vielmehr erst in V. 9—11. Paulus hätte also, ohne daß er weniger weit gekommen wäre, ganz gut V. 3—8 weglassen können. Wenn er diese Sätze trotzdem zur Einleitung bringt, so thut er es deshalb, um an eine allgemein anerkannte Thatsache anzuknüpfen, wie auch 7, 1 f geschieht. Paulus will daran erinnern, daß die Getauften gewißlich Pneumatiker sind. Die Taufvorgänge — erwähnt wird nur das Bekenntnis Christi — beweisen es. Ein Pneumatiker aber ist der Sünde abgestorben. Also seid auch ihr es, und zwar, wie sich der Gedanke mit 9 b wendet, in vollständiger Weise.

Besonders bei V. 3—4 glaubt man annehmen zu müssen, Paulus habe in dem Untertauchen des Täuflings ein Symbol des Absterbens τῇ ἁμ., in dem Aufstehen das des ethischen Neulebens gesehen. Dieser sinnige Gedanke liegt ja allerdings nahe, aber ob er hier mitspielt, ist mir ferner noch aus folgenden Gründen fraglich. Einmal müßte dann (V. 4) angenommen werden, unser Untertauchen rsp. Aufsteigen sei auch wieder ein Symbol des Todes, rsp. der Auferstehung Christi. Und diese Doppelsymbolik ließe sich doch schwerlich in einen Satz zusammenpressen. Sodann besteht die eigentliche Geltung der Parallele eben nicht in dieser Symbolik, sondern in dem, daß wir durch die Taufe εἰς Χριστὸν Pneumatiker, also ethisch erneuert wurden. Insofern, nicht aus dem Zusammentreffen von Untertauchen und Aufsteigen, folgert Paulus unser Absterben und Neuleben. Sowohl am Anfang der Erörterung (V. 3) als auch am Ende (V. 11), wo er das Netz des Beweises fest zuzieht, liegt der Schwerpunkt auf dem Pneumaempfang, dem ἐν Χριστῷ Ἰησοῦ = Sein.

Eine weitere Schwierigkeit, nicht sowohl theologischer, sondern rein dialektischer Art, findet sich in Folgendem: Vers 10 kommt Paulus darauf hinaus, daß Christus nur einmal zu sterben braucht. Man erwartet alsdann in 9 b die Folgerung, er lebe e w i g. Anstatt dessen heißt es: er lebt Gotte. Dieses ζ. τ. θ. aber versteht Paulus nachher (von uns gesagt) ethisch. Christus jedoch lebte ethisch Gotte auch schon vor seinem Tode. Allein der Apostel setzt das ethische ζῆν für das zeitliche deshalb ein, weil sonst aus dem zeitlich ewigen Fortleben Christi unser z e i t l i c h e s Nichtsterben gefolgert werden könnte, was unrichtig wäre. Es folgt vielmehr nur unser u n u n t e r b r o c h e n e s ζ. τ. θεῷ, also ethisches Leben. Daher hebt Paulus auch an Christus das letztere, das ethische Leben, hervor, um den Uebergang zu unserm ethischen Leben zu erleichtern. Das ἐφάπαξ des vorhergehenden Satzteils wirkt ja auch in dem ζ. τ. θ. (9 b) noch nach. Allerdings wäre es besser gewesen, Paulus hätte das Sätzchen ζ. τ. θ. in zwei Sätze zerlegt: (Was er lebt), lebt er (gegenüber dem ἀπ. ἐγαπ.) ewig, bewirkt also auch in euch ein ununterbrochenes ζῆν τ. θ. In derselben Weise — dafür dürft ihr euch sicherlich halten — wie Christus, nämlich vollständig und ununterbrechlich, seid auch ihr tot 2c.

Darüber, ob es thatsächlich die Meinung des Paulus sei, die Taufe wirke die Einwohnung Christi, werden wir im nächsten Kapitel handeln.

Aber nun die Frage: Wo bleibt die Glaubensmystik des Apostels Paulus welche darin bestehen soll, daß wir uns mit ihm für „prinzipiell" der Sünde begraben und zu neuem ethischen Leben auferstanden a c h t e n , mit dem Erfolg, daß wir dadurch wirklich ethisch begraben w e r d e n und auferstehen? Was heißt überhaupt „prinzipiell", oder, wie man auch noch sagt, „ideell" der Sünde ethisch abgestorben? Ein Totkranker hält sich im Prinzip für gesund, ein Armer für reich, ein Thor für gescheit, ein Hungriger für satt, ein Böser für gut! Was würden wir von solchen kuriosen Menschen denken? Wir würden ihm sagen: Es giebt keine prinzipiell Rechtbeschaffene, sowenig als prinzipiell Satte, sondern nur faktisch Gute und Böse, Hungrige und Satte. So versteht es auch Paulus. Gerade das will er ja sowohl in diesem als sämtlichen anderen derartigen ἢ ἀγνοεῖτε-Sätzen beweisen, daß ein Christ ἐν Χριστῷ t h a t s ä c h l i c h , w i r k l i c h , e i n f ü r a l l e m a l , der Sünde ethisch starb, daß er unwiderruflich Gott lebt. Und darin hat Paulus gewiß Recht, daß der, welcher von einem Ideal vollkommen bewohnt und beherrscht wird, nicht mehr ins Gegenteil des Ideals, ins Häßliche — auf sittlichem Gebiete ins Unsittliche fallen kann. Das Verständnis der Formel ἐν Χριστῷ Ἰησοῦ hat die „Mystik" ausgeschlossen. Was Paulus sagt, meint er weder prinzipiell noch ideell, nicht subjektiv, nicht objektiv, nicht mystisch, sondern so, wie er es sagt. Es ist also von Glaubensmystik, die aus diesem Kapitel abgeleitet werden könnte, nicht die Rede.

Auch Röm. 7, 1—6 weiß nichts von Mystik. Hier haben wir vielmehr abermals einen ἢ ἀγνοεῖτε-Satz, welcher in Anknüpfung an Röm. 6 beweisen soll, daß wir als Christen ethisches Eigentum Christi sein m ü s s e n , wie wir vorher ohne das Pneuma unter der ethischen Uebermacht der ἁμαρτία gefangen gehalten wurden. Nur verfährt Paulus hier umgekehrt wie in Rom. 6. Dort lag der Schwerpunkt der Argumentation in der Thatsache, daß Christus ewig lebt, also auch ewig in uns lebt. Von da aus erschloß Paulus das Weitere, daß wir notwendig auch der Sündigkeit ethisch vollkommen abgestorben sein müssen. In Röm. 7 dagegen knüpft er an unsern in 6 bewiesenen ethischen Tod τῇ ἁμ. an und beweist: Wenn wir vollständig tot sind, so sind wir frei von der Sündenmacht, Eigentum aber Christi (Röm. 6, 7).

Im Einzelnen: Vers 1 und 2 zeigen an zwei Beispielen, daß gesetzliche gegenseitige Verpflichtungen auf beiden Seiten nur solange gelten, als beide

Teile leben. Das Gesetz hat über den Menschen Macht solange der Mensch lebt. Der Mann hat über das Weib Macht solange er, der Mann, lebt. Ist also irgend ein Teil tot, so ist sowohl der Tote wie der andre Teil frei von der gesetzlichen Verpflichtung. Das zeigt sich vom Weibe darin, daß es ungestraft, ohne Ehebrecherin zu heißen, eines andern Mannes Eigentum werden darf. — Soweit sehen wir klaren Boden in der paulinischen Argumentation, wenn auch der Vergleich zwischen dem Gesetz und dem Manne etwas eigentümlich ist, was übrigens Paulus selbst fühlt; denn nur so ist der Ausdruck νόμος τοῦ ἀνδρός (V. 2) zu erklären, daß Paulus damit die Parallele zwischen νόμος und Mann strenger andeuten und rechtfertigen will. Doch darüber können wir hinwegsehen. Wir halten den Gedanken fest: Das Weib darf eines andern Mannes Eigentum werden, denn es ist von dem Anrecht des Mannes durch dessen Tod befreit. Es darf einen Andern nehmen. Nun aber wird die Anwendung des Exempels gemacht auf uns: Infolge dessen, m. Br., (V. 4) wurdet auch ihr getötet dem Gesetz durch den Leib Christi,[1] zum Zweck und mit dem Erfolg, daß ihr einem Andern eigen werdet, dem aus Toten Erstandenen, damit wir Frucht bringen Gotte. Man beachte, daß der Satz anfängt mit ὥστε, nicht mit οὕτως. Der Satz (V. 4) will also die Anwendung des Beispiels auf unsre geistigen Verhältnisse nicht erst beginnen, sondern er stellt jetzt schon die Schlußbehauptung auf: Wir sind frei von der Macht des Gesetzes, wir sind so gut wie gestorben, und zwar mit dem Zweck und Erfolg, daß wir eines Andern Eigentum werden. Denn dies ist offenbar der Sinn von V. 2 und 3 gewesen, dies will V. 4 aus dem Vorhergehenden folgern. Wir müssen zwar davon absehen, daß jetzt wieder, in V. 4, der gebundene Teil stirbt, wogegen in V. 2 und 3 der bindende, und daß doch dieselben Folgerungen gezogen werden wie dort. Dergleichen Inconcinnitäten finden wir fast in allen Bildern des Apostels. Er war eben kein Autor, dessen Beruf die Federarbeit bildete. Aber der Gedanke leuchtet doch hindurch: Wir werden, indem wir der zur

---

[1] Διὰ τ. σ. τ. Χ. Weshalb hier die Anführung des Leibes Christi? Etwa weil Christus durch seinen Tod an sich uns forensisch befreit hätte von der Sündenstrafe? Damit wäre hier gar nichts gewonnen. Denn nicht um die forensische, sondern um die ethische Befreiung von der Uebermacht der ἁμ. handelt es sich — abgesehn davon, daß nach des Apostels Meinung die forensische an die ethische überhaupt geknüpft ist. Aber was soll dann die Erwähnung des Leibes Christi? Sie dient lediglich dem Zweck, eine Parallele zur Abtötung der in unserem Leib, der σαρξ, in den Gliedern (V. 5) wohnenden ἁμ. zu ermöglichen. Allerdings ist diese Parallele nicht rein eine solche, wäre als reine Parallele auch falsch, denn thatsächlich wurde unser ethisches Absterben durch den Tod Christi nur insofern bedingt, als dieser seinesteils Bedingung der Auferstehung und damit der pneumatischen Einwohnung war. Aber durch den Leib Christi d. h. seinen Tod mit den Auferstehungsfolgen wurde unsere σάρξ, d. h. die Uebermacht ihrer Sündigkeit, abgethan. Dies will Paulus in rhetorisch wirksamer Weise parallelstellen.

Sünde zwingenden Gewalt des sittlichen Gesetzes abstarben, eines Andern Eigentum, und zwar ethisches Eigentum, wie das Weib eines andern Mannes Besitztum werden darf, wenn der Mann gestorben ist.

Aber liegt hier nicht eine Unklarheit? Das Weib kann im Falle des Todes ihres Mannes einen andern Mann nehmen. Von uns dagegen wird behauptet, es sei Zweck und Folge, daß wir Christi Eigentum werden. Wir müssen es werden! Und Paulus hat vollkommen Recht! Wenn in uns der Anspruch des sittlichen Gesetzes auf ethischen Zwang zur Sünde dadurch aufhört, daß wir ethisch dem Sündenreiz des Fleisches, der durch das Gebot erregt wurde, abstarben, dann sind wir eo ipso ethisch erneuert, Eigentum Christi. Unser ethisches Absterben muß mit Neuleben verbunden sein. Solange wir (V. 5) im Fleisch, d. h. in der ethischen Gewalt der ἁμ. des Fleisches waren, wirkten die Leidenschaften der Sündentriebe, welche durch das sittliche Gebot erregt wurden, in unsern Gliedern mit dem Erfolg, daß wir Frucht brachten dem Tode. Unsere eheliche Frucht, — das Bild einer Ehe zwischen uns und dem Gesetz schwebt noch vor — d. h. der Erfolg des Sündenzwangs, unsere Werke, waren dem Tode verfallen. Jetzt aber (V. 6) als Pneumatiker (νυνί!) wurden wir abgethan von dem Gesetzeszwang zur Sünde, nachdem wir abgestorben waren dem, wodurch wir gefangen gehalten wurden,[1] so daß wir (ähnlich dem Weibe) dienen in der neuen Ehe, in dem neuen Zustand, welchen das Pneuma schafft, nicht in dem alten Zustand, wie ihn der (uns zur Sünde reizende und zwingende) Gesetzesbuchstabe schuf. Was also beim Weibe nach dem Tode des Mannes freier Wille ist (daß sie wiederum eines andern Mannes Eigentum wird) das ist bei uns notwendige Folge. Unser Absterben τῷ νόμῳ, dem Sündenzwang des sittlichen Gesetzesgebotes oder Verbotes (γράμμα) wirkt nicht nur, sondern ist geradezu identisch damit, daß wir Eigentum Christi werden, Eigentum dessen, der „durch seinen Leib," genauer durch seine Auferweckung (V. 4) und Einwohnung unser Absterben überhaupt erst zustande gebracht hat.

Es springt in die Augen, daß die Beweiskraft dieses Abschnittes in V. 5—6 liegt, wo der klare und richtige Gedanken ausgesprochen wird, als Pneumatiker (νυνί, καινότης πν.) seien wir dem zwingenden Sündenreiz der Gebote und Verbote entronnen, da das Fleisch nicht mehr die Uebermacht über uns hat; wir sind vollkommen Eigentum des in uns wohnenden Christus. Also, wenn das

---

[1] Nämlich dem Fleisch; durch dessen sündige Uebermacht über den νοῦς allein, nicht durch seine eigene Gewalt übte das Gebot und Verbot einen Sündenzwang, wie man ihn über Gefangene übt. Ἐν ᾧ fasse ich also instrumental und beziehe es auf die Uebermacht der σάρξ, welcher wir — also auch dem Zwang des Gesetzes — als Pneumatiker abgestorben sind.

Gesetz keinen ethisch verderblichen Einfluß mehr über uns hat, dann ist es ja gar nicht mehr möglich, daß wir sündigen, das will Paulus beweisen. Nur wird freilich dieser Beweis durch den Vergleich zwischen unserem Verhältnis zum Gesetz und zwischen einer Ehe nicht erleichtert, sondern eher erschwert, ebenso wie auch Röm. 6, 9—11 allein betrachtet klarer wären als in Verbindung mit der Taufparallele. Es verhält sich eben hier wie dort: Paulus, um die ihm vollkommen geläufige und nach seiner Metaphysik der Einwohnung Christi notwendige Theorie der Sündlosigkeit der Pneumatiker den Lesern mundgerechter zu machen, will an allgemein anerkannte Thatsachen, wenn sie auch nicht ganz nahe liegen, anknüpfen und von da aus die starke Festung erobern.

Aber auch in Röm. 7 ist von Mystik oder einer Anleitung zur Glaubensmystik nichts zu sehen, wohl aber viel von scharfer, bei den Rabbinen gelernter Dialektik. Paulus will beweisen, daß ein Christ nicht mehr sündigen kann, da er vom Pneumachristus bewohnt und beherrscht ist. Ein Christ, der noch sündigt, bildet den ungeheuerlichsten Widerspruch, das dunkelste Rätsel, das sich Paulus nur denken kann.

15. Kapitel.

Die Mystik der Taufe und des Herrenmahles.

Paulus sagt Gal. 3, 27: "Denn soviele ihr εἰς Χριστόν getauft wurdet, "Christum habt ihr angezogen." Dieser Satz, wie das "denn" darthut, soll etwas anderes beweisen. Aber was? Offenbar den B. 26: Ihr seid nämlich alle Söhne Gottes durch den Glauben, d. h. ἐν Χριστῷ Ἰησοῦ.[1] Also eure Taufe beweist, daß ihr Söhne Gottes seid, ihr alle, (gesetzliche) Juden und (rituell gesetzlose) Griechen (V. 28), nicht durch Gesetzeswerk, sondern durch die Pistis, d. h. durch Pneumaempfang. Eure Taufe beweist also, daß eure Gottessohnschaft durch Pneumaempfang bewirkt wurde (nicht durch rituelle Gesetzeswerke).

Inwiefern aber nun beweist die Taufe die Gottessohnschaft? Die Taufe ist eine äußere Handlung. Wie kann sie die innere Beschaffenheit beweisen, welche mir den Character als υἱὸς θεοῦ giebt?

---

[1] Beides ist identisch. Man darf nicht übersetzen: Durch den Glauben an Chr. J., da πίστις u Synon. bei Paulus nicht mit ἐν verbunden sind. Rom. 8, 25 wurde bereits dem entspr. erklärt. Selbstverständlich muß 1 Cor. 4, 17 ἐν x. zu ἁγ. u. π. bezogen werden, nicht zu πιστ. als "gläubig an."

Man lese nur einige Verse weiter, (4, 6), so wird man gleichfalls finden, daß eine äußere Handlung das Vorhandensein eines inneren Zustandes beweist. Nämlich die Ekstase, der ekstatische Ausruf „Abba Vater" beweist, daß wir nicht mehr Knechte, sondern Söhne sind. Denn wären wir nicht Söhne, so könnte das göttlich gesandte Pneuma nicht „Vater" rufen (ὅτι in V. 6). Aus dem, was das Pneuma ruft, geht hervor, was der betr. Mensch ist. Dasselbe sehen wir in Röm. 8, 15.

Oder schlagen wir den Eingang des 3. Kap. des Galaterbriefes nach, so finden wir wieder die Thatsache des Pneumaempfangs, d. h. der Ekstase (die δυνάμεις V. 5) angeführt als Beweismittel dafür, daß nicht das Gesetz die δικαιοσύνη brachte, sondern das Pneuma (dies ist der Zusammenhang zwischen Kap. 2 und 3). Paulus drückt dies allerdings etwas eilig aus. Er hätte sagen sollen: da die δικαιοσύνη durch den Pneumaempfang bedingt ist, ihr aber das Pneuma nicht aus Gesetzeswerk, sondern wieder aus Pneuma (ἐξ ἀκοῆς πίστεως) erhalten habt, so folgt daraus, daß die δικαιοσύνη nicht aus Gesetzeswerk, sondern aus Pneumaempfang kommt. So begnügt sich Paulus mit dem raschen Schluß: das Pneuma kommt aus dem Pneuma.

Also aus der Thatsache des Pneumaempfangs wird Gal. 3 und 4 bewiesen, daß das rituelle Gesetz nichts wert ist zur δικαιοσύνη.

Genau dasselbe aber soll, zwischen beiden Stellen, in denselben Zusammenhängen, bei V. 27 die Thatsache der Taufe beweisen. Es läßt sich vermuten, daß damit ein Zusammenhang zwischen Taufe und Pneumaempfang, resp. Ekstase, angedeutet ist. Diesen Zusammenhang können wir leicht erraten. Selbst nach den Erinnerungen der Apostelgeschichte, welche in Bezug auf ekstatische Vorgänge nicht sehr deutlich sind, stand die Ekstase, d. h. der Pneumaempfang, in einem gewissen Zusammenhang mit der Taufe (1, 5; 8, 15; 19, 5, 6; 2, 38). Auch Jesus erhielt die erste Vision unmittelbar bei der Taufe (Mt. 3, 16). Wie das nun freilich in den Zeiten des Paulus gewesen ist, läßt sich nicht mit wünschenswerter Sicherheit ermitteln. Es gab jedenfalls Erstlingsekstase vor der Taufe, Ekstase, welche bloß durch die ἀκοὴ πίστεως hervorgerufen wurde (Gal. 3, 3, 5, cf. 1. Kor. 14, 24). Andrerseits aber weiß schon Paulus von einem, wie wir weiter vermuten werden, feststehenden Taufbekenntnis. Röm. 10, 9, 10, 13 reden von pneumatischem Bekenntnis zu Jesus als κύριος. Die Art, wie Paulus davon redet, läßt schon ahnen, daß damit ein gewisser Modus des Bekennens gemeint sei. Ich kann es nicht beweisen, aber ich vermute es, daß schon zu Pauli Zeiten ein kurzes, feststehendes Taufbekenntnis bestand, das man aber selbstverständlich für pneumatisch gewirkt hielt trotz der feststehenden Form.

Aber warum drückt sich Paulus nicht so aus, daß man den Hinweis gerade auf die Ekstase deutlich wahrnehmen könnte? Er thut es! Denn dieser Hinweis liegt in dem Ausdruck εἰς Χριστόν. Dieses εἰς kann nicht localiter gemeint sein wie etwa εἰς τὸν Ἰορδάνην (Mc. 1, 9), sondern finaliter wie in εἰς μετάνοιαν, (Mt. 3, 11), εἰς ἄφεσιν ἁμαρτιῶν (Act. 2, 38), εἰς ἓν σῶμα (so daß ihr e i n Leib werdet, 1. Kor. 12, 13) εἰς τὸν θάνατον αὐτοῦ, so daß ihr sterbet wie er, mit ihm (Röm. 6, 3); am nächsten kommt dem einfachen εἰς Χριστόν der Ausdruck: εἰς τὸ ὄνομά τινος (Mt. 28, 19; Act. 8, 16; 19, 5). Allein dieser Ausdruck entstammt Schriften aus einer Zeit, welche über die ekstatischen Vorgänge der früheren Sturmesjahre nur noch vermittelte Kunde besaß. Auch 1. Kor. 1, 13, 15 bietet keine klare Antwort. Ich vermute dennoch, βαπτισθῆναι εἰς Χριστόν heißt: Getauft werden mit dem Erfolg, daß man den Namen Christi bekennt, ad profitendum nomen Christi; βαπτ. εἰς Χριστόν ist eine Abkürzung von εἰς τὸ ὄνομα Χριστοῦ. Zum Zweck und mit dem Erfolg, daß wir den Messiasnamen Jesu bekennen.

Jetzt hätten wir den Sinn: V. 26: Als Pneumatiker, nicht als Gesetzesmenschen, διὰ τῆς πίστεως, ἐν Χριστῷ seid ihr Alle, Juden und Griechen, Söhne Gottes. Aber seid ihr auch wirklich Pneumatiker? Und hat euer Pneumabesitz wirklich die Garantie eurer Gotteskindschaft? Ihr seid Pneumatiker, denn ihr seid a u f C h r i s t u s getauft worden, ihr habt bei der Taufe seinen Namen bekannt. Und daraus folgt ferner, daß ihr Gottes Kinder seid, denn aus eurem pneumatisch-ekstatischen Bekenntnis folgt, daß ihr wirklich Christum angezogen habt so gewiß als man ein Kleid anzieht.[2] Wieviele ihr getauft wurdet auf das Bekenntnis Christi hin, habt ihr auch Christum wirklich angezogen, seid sein Eigentum, damit echter Same Davids, damit Kinder.

Wir haben hier ganz genau zu d e m s e l b e n Beweiszweck d e n s e l b e n Schluß wie einige Verse später den Schluß von der Aeußerung auf die innere Beschaffenheit.

Man darf hieraus nicht folgern, Paulus habe gemeint, nur bei der Taufe werde das Pneuma verliehen, so daß die Taufe Bedingung dieser Verleihung sei. Dagegen spricht die fast verächtliche Behandlung, welche die Taufe 1. Kor. 1, 13 f. erfährt. Das Pneuma kommt vielmehr aus der ekstatischen Glaubensprebigt, der ἀκοὴ πίστεως. Die Taufe wird hier nur als ein Beispiel von Ekstase unter andern angeführt. Sowohl beim erstmaligen Pneuma e m p f a n g (Gal. 3, 3, 5) als auch s o n s t (4, 6), ohne spezielle Veranlassung, als auch bei der Taufe findet Ekstase

---

[1] εἰς τὸν Μωϋσῆν (1. Kor. 10, 2) ist natürlich nur eine Nachbildung, welche von εἰς Χριστόν aus geschah, wie ja auch die paulinische Formel ἐν Χριστῷ Nachbildungen erfuhr, die mit dem Original bezüglich der präpositionalen Bedeutung nichts mehr zu thun haben.
[2] Möglich wäre es schon, daß Paulus hier auf das Wiederankleiden des Täuflings anspielt.

statt. Diese Fälle werden angeführt als gleichwertige Beweise der Gotteskindschaft. Nicht die Taufe **bringt, verursacht** das Einwohnen Christi und die Gotteskindschaft, sowenig als die πίστις an sich oder die ὁμολογία. Sondern die Taufe mit folgender Ekstase ist ein **Beweis** dieser Einwohnung unter andern Beweisen. Aber dem gegenüber könnte man Röm. 6 geltend machen. Hier wird (V. 4—5) die Taufe als ein Vorgang bezeichnet, welcher den Pneumaempfang hervorrief. So lauten allerdings die **Worte** des Apostels. Aber ob es auch seine wirkliche Meinung ist? 1. Kor. 15, 29 erwähnt er die Sitte der Korinther, sich zu gunsten und anstelle der Toten taufen zu lassen, um auch den Toten noch die Segnungen der Taufe zu vermitteln. Hier also scheint der Taufhandlung gleichfalls solche Heilskraft zugeschrieben zu werden, daß durch sie die ungetauften Toten, wenn sie auch nur stellvertretend getauft wurden, ewiges Leben erhielten. Allein aus der Art, wie Paulus über diese Vorstellung redet, können wir schließen, daß er sich nur einer bereits vorhandenen Uebung anbequemt, ohne die ihr zugrunde liegende Meinung zu teilen. Er erwähnt das Ganze nur im Vorübergehen, und nur, um die entsprechenden Konsequenzen daraus zu ziehen. Von denen, welche sich derart taufen lassen, spricht er als von Dritten, denen seine Anrede gar nicht gelte. Wäre es nicht möglich, auch Röm. 6 anzunehmen, Paulus knüpfe an ein bereits in der Christenheit vorhandene Vorstellung an; er wolle das Folgende nur als Konsequenzen dieser ihrer eigenen Anschauung darstellen, wie er Röm. 7, 1—6 seine Behauptung aus dem von ihnen anerkannten Gesetz herleitet?

Es wäre jedenfalls möglich. Denn Paulus kommt auf die Parallele zwischen Taufe und Tod Christi nicht mehr zurück. Sie spielt in seiner Lehr- und Heilsgewißheit gar keine Rolle. Sie ist, selbst wenn sie die eigene Meinung des Apostels darstellte, nichts als eine Art Augenblicksgedanke. Eine solche rein gelegentliche Ausbeutung der Taufhandlung kann jedenfalls die sonst auf Schritt und Tritt auftretende Gewißheit nicht stören, daß das Heil, die Rettung, vom Tode allein aus dem Pneumaempfang, rsp. der ethischen Erneuerung kommt, welche von Gott als δικαιοσύνη beurteilt wird. Noch eine andere Annahme: Paulus wendet sich nicht an alle Christen, sondern nur an die, welche zum Zweck der Anrufung Christi **getauft** wurden (ὅσοι!), bei welchen also die **Taufe** die erste Ekstase hervorrief. Solcher Christen gab es jedenfalls viele. Aber damit ist noch lange nicht gesagt, daß bei Allen die Taufe Ursache der Erstlingsekstase war. Jedenfalls wußte Paulus, daß es solche auch ohne Taufe gab.

Ich habe oben vermutet, es sei schon zur Zeit des Apostels ein Taufbekenntnis und zwar mit bereits feststehenden Worten üblich gewesen. Diese Vermutung möchte ich noch durch die Erklärung von 1. Kor. 12, 13 begründen. Paulus will an dieser Stelle beweisen, daß wir Christen ein **Leib** seien. Zu diesem Zweck erinnert er daran, daß wir Alle zu einem Leib getauft wurden, und zwar ἐν ἑνὶ

πνεύματι. Der Umstand, daß wir ἐν ἑνὶ πνεύματι getauft wurden, soll darthun, daß wir auch zu einem Leib getauft wurden, Juden und Griechen
2c. Aber womit will er beweisen, daß die Taufe für alle ἐν ἑνὶ πν. geschah?
Er beweist es gar nicht, sondern setzt die Thatsache als bekannt und anerkannt voraus. Das Taufpneuma ist ein einheitliches, das steht fest. Woburch
aber leuchtet seine Einheitlichkeit jedem Leser sofort ein? Wir müssen bedenken,
daß in dem ganzen Abschnitt von der Ekstase die Rede ist. Allerdings, giebt
Paulus zu, offenbart sich die Ekstase sonst in den verschiedensten Gaben. Daß
aber trotzdem der Vielfältigkeit eine Einheit, die Einheit eines und desselben Pneuma, zugrunde liegt, soll das Taufpneuma beweisen. Ich muß hier unwillkürlich,
wie der ganze Abschnitt an die Hand giebt, an eine einheitliche, für alle gleich-
mäßige Taufekstase denken; ich vermute, daß sie in einem einheitlichen Taufbekenntnis besteht. Sonst wüßte ich nicht zu erklären, wie denn gegenüber der
sonstigen Verschiedenheit der Ekstase gerade das Taufpneuma die Einheit des gesamten Pneuma beweisen sollte. An Glossolalie oder Prophetie ist nicht zu denken,
denn diese Gaben entwickelten ja gerade die größten Unterschiede, aber ein Bekenntnis läßt sich vermuten. Wahrscheinlich bestand das Taufbekenntnis darin, daß der
Täufling Jesus als κύριος und als Auferstandenen bekannte (Röm. 10, 9. Denn
in dem Glauben an die Auferstehung war auch der Glaube an seinen Heilstod
mit enthalten).

Auch hier bemerke ich, daß die Taufe nicht als Bedingung des Pneuma-
empfanges gemeint ist (ἐν ἑνὶ πν.!), sondern daß sie denselben schon voraussetzt,
aber durch die Ekstase den Besitz des Pneuma offenbart. Allerdings könnten die
Worte εἰς ἓν σῶμα ἐβαπτ. so gedeutet werden, als ob erst das Taufpneuma die
Einheit der Christengemeinde schaffe. Wir haben bisher auch so übersetzt, um
nicht die Erörterung zu verwirren. Aber nun ist es Zeit, diese Uebersetzung
zu korrigieren. Sie würde mit dem Sinn des Satzes nicht stimmen, wonach die Einheit des Pneuma die Einheit des Leibes bewirkt. Es muß hier
vielmehr das εἰς, wie manchmal die Finalsätze, aufgelöst werden, und zwar so:
damit erkannt werde, daß ein Leib ist. Wie auch Röm. 3, 26; εἰς τὸ εἶναι αὐτὸν
δίκαιον 2c. muß heißen: Damit erkannt werde, er sei rechtbeschaffen 2c. Oder
(B. 4) γενέσθω ὁ θεὸς ἀληθής: Erkannt oder anerkannt werde Gott als wahrhaftig. Oder 2. Kor. 4, 7 b löst sich folgendermaßen auf: Damit erkannt werde, das
Uebermaß der Kraft sei Gottes und nicht aus uns.

Wo bleibt die Mystik der Taufe? Sie löst sich auf in eine Dialektik, welche
die Taufekstase als Beweis des Pneumaempfangs benutzt.

Genau dieselbe Wahrnehmung aber werden wir machen, wenn wir die Erwähnung des Herrenmahles genauer betrachten.

In 1. Kor. 12, 13 nennt Paulus neben der Taufe ἐν ἑνὶ πν. die Thatsache, daß wir ἐν πνεῦμα ἐποτίσθημεν. Ich verstehe darunter den Genuß des pneumatischen Blutes Christi, d. h. des gesegneten Kelches beim Herrenmahl. Wir werden diese Erklärung verstehen, wenn wir die beiden paulinischen Hauptstellen betrachtet haben.

Um diese aber zu durchschauen, müssen wir eine unzweifelhaft paulinische Vorstellung anerkennen. Paulus lehrt 1. Kor. 10, 1 f., daß [der Trank und die Speise in der Wüste nicht gewöhnlicher Art waren, sondern pneumatisch. Hinter dem Felsen sieht er den Christus. Nun aber hält Paulus die Speisung und Tränkung in der Wüste für Vorbilder des Herrmahles, wie die Taufe durch die Schechina und das Meer ein Vorbild der christlichen Taufe war. Es sind Typen (V. 6, 11). Wenn aber schon in den Typen des alten Bundes unter den sichtbaren Gaben der Speisen und des Trankes P n e u m a t i s c h e s verstanden werden muß, wie erst bei der Wirklichkeit, in den Elementen des H e r r e n m a h l e s s e l b s t!

Von dieser Voraussetzung aus fügen sich die sonst o verzweifelt schwierigen beiden Kernstellen zu einem klaren Sinn widerstandslos zusammen.

1. Kor. 11, 23 f., welche Stelle wir zuerst nehmen, hat folgenden Beweiszweck: Paulus will darthun, daß, wer sich gegen B r o d und W e i n beim Herrenmahl versündigt, schuldverhaftet ist dem Leib und Blut des Herrn, also sich gegen Leib und Blut des Herrn versündigt (V. 27); also sind auch die Elemente mit der pneumatischen Leiblichkeit Christi identisch. Er warnt damit vor leichtfertigem Genuß der Elemente des heiligen Mahles. Wie führt er aber den Beweis? Zunächst mit den Worten des Herrn (V. 24 und 25): Das ist mein Leib, der für euch Dieses thut, b. h. esset, zu meinem Gedächtnis, zum Zweck dessen, daß ihr meiner gedenket. Wir wollen nun nicht vergessen, daß Paulus die Anerkennung des Kreuzestodes und der Auferstehung Christi als pneumatisch gewirkt berachtet. Wenn also Christus den Jüngern verheißt oder befiehlt, daß sie seiner gedenken sollen, so verheißt er ihnen sein Pneuma. Denn ohne dieses können sie seiner nicht gedenken. Daher will Paulus mit dem Ausspruch des Herrn sagen: Jesus gab den Jüngern mit dem Brod seinen pneumatischen Leib, damit sie instand gesetzt wurden, bei jeder Wiederholung des Mahles seiner zu gedenken. — Ebenso verhielt es sich mit dem Becher. Christus sprach: Dieser Becher ist der neue Bund, (der) durch mein Blut (geschlossen wurde). Welche Bedeutung hat dieser neue Bund? Er ist eine διαθήκη πνεύματος (2. Kor. 3, 6, cf. Gal. 4, 24), eine διαθήκη, welche das πνεῦμα bringt, wie die δικαίωσις ζωῆς eine Rechtfertigung ist, welche das Leben bringt[1] (Röm. 5, 18). Nun ist freilich der Becher kein Bund. Aber der Genuß eines Bechers kann einen Bund herstellen. Also der Genuß des Bechers bewirkt, enthält den neuen

---

[1] Denke auch an ἀπόκριμα τοῦ θανάτου (2 Kor. 1, 9): Antwort, welche den Tod verheißt.

Bund, welcher das Pneuma bringt, er enthält und bewirkt mithin das Pneuma selbst. Inwiefern? Die Parallele zum Genuß des Brodes und die spezielle Hindeutung auf das Blut Christi zwingt zur Annahme, daß der Becher in dem Wein das pneumatische Blut Christi enthält. Wer ihn also trinkt, der trinkt das pneumatische Blut Christi. Daher die Aufforderung: Dieses thut, so oft ihr ihn trinket, zu meinem Gedächtnis. Indem ich euch mein pneumatisches Blut gebe, setze ich euch in den Stand, meiner zu gedenken, d. h. gebe ich euch mein Pneuma, welches dazu notwendig ist. Bisher haben wir also den Sinn: Christus gab den Jüngern seinen pneumatischen Leib und sein pneumatisches Blut, d. h. seine pneumatische Leiblichkeit überhaupt, d. h. sein Pneuma. Denn als Pneuma hat er ja himmlische Leiblichkeit (1. Kor. 15, 39—49); er giebt ihnen sein Pneuma, indem er ihnen Brod und Wein giebt. Damit scheint eigentlich schon bewiesen, was bewiesen werden soll, daß nämlich in dem Brod und Wein Leib und Blut des Herrn enthalten seien, daß also ein Verfehlen gegen die einfachen Elemente schon eine Sünde gegen ihre pneumatischen Bestandteile involviere. Aber noch eine Frage bleibt zu beantworten: Hat sich auch erfüllt, was der Herr verhieß? Haben wir auch wirklich beim Herrenmahl Leib und Blut Christi? Darauf kommt es ja allein an! Paulus beweist, daß dies der Fall ist. Nämlich der Herr hat verheißen, daß der Genuß seines Leibes und Blutes bei ihnen das Pneuma, die Ekstase, das ekstatische Gedenken an ihn bewirken soll. Wenn aber durch das Herrenmahl wirklich die Ekstase erweckt wird, dann ist dargethan, daß beim Herrenmahl wirklich höhere, pneumatische, nicht gewöhnliche Speise genossen wurde. Diese Ekstase aber ist vorhanden. Denn, fährt Paulus V. 26 fort, so oft ihr esset dieses Brod und den Kelch trinket, den Tod des Herrn verkündiget ihr, bis daß er kommt. Solche Anerkennung seines Todes als Heilstod ist pneumatisch gewirkt; ihr beweist damit, daß ihr das Pneuma habt; ihr beweist es, so oft ihr das Herrenmahl feiert; also ist das Wort des Herrn erfüllt und wahr, daß euch beim Genuß des Brodes und Weines Ekstase, Pneumaäußerung verliehen wird, daß also Brod und Wein wirklich Leib und Blut Christi enthält.

Daß diese meine Erklärung richtig ist, schließe ich nicht zum mindesten aus dem Umstand, daß dabei Vers 26, der bisher den Erklärern dunkel war, einen ganz klaren Sinn bekommt. Dieser Vers ist jetzt so unentbehrlich als vorher unwillkommen.

Aber dennoch werden wir ein gewisses Bedenken haben. Paulus hat durch die Thatsache der ekstatischen Aeußerungen beim Herrenmahle allerdings das Vorhandensein des Pneuma bewiesen. Allein nicht bewiesen hat er, daß die ekstatischen Aeußerungen jedesmal wirklich davon herrühren, daß der Genießende Leib und Blut des Herrn empfängt, daß also diese pneumatische Leiblichkeit des Herrn in Brod und Wein enthalten ist. Und gerade dieser Nachweis wäre die Hauptsache, denn er würde die Folgerung von B. 27 und was sich daran anschließt, rechtfertigen. Fühlt Paulus diese Lücke nicht selbst? Gewiß, denn er sieht sich veranlaßt, sich auf eine Mitteilung des Herrn, also auf eine übernatürliche Offenbarung, zu berufen (V. 23 a), wie auch — wieder in Bezug auf seine Abendmahlslehre — 1. Kor. 10, 15. Dort giebt er zu: Als zu Verständigen rede ich; urteilt ihr, was ich sage. Die φρόνησις der Korinther soll darin bestehen, daß sie urteilen über das, was Paulus jetzt lehrt. Ich fasse das so, daß er eine ihm gewordene über, natürliche Offenbarung ihrem pneumatischen, gnostischen Erkennen und Urteil unterbreitet. Dieses κρίνειν ist nahe verwandt mit der pneumatischen διάκρισις πνευμάτων und dem ἀνακρίνειν; es steht ihnen als Pneumatikern zu. Hätte Paulus ein Objectiv von γνῶσις gehabt, so würde er es anstatt φρόνιμος gesetzt haben. Paulus ist sich also bewußt, in seiner eigentümlichen Abendmahlslehre etwas Unbeweisbares, ein nur auf göttlicher rsp. pneumatischer (ἀπὸ κυρίου) Offenbarung beruhendes, aber von den Pneumatikern zu beurteilendes Geheimnis zu besitzen.

Derselbe Grundgedanke wie 1. Kor. 11 liegt auch 1. Kor. 10, 14—21 vor, daß nämlich in dem Brod und Wein des Herrenmahles der Pneumachristus nach Leib und Blut enthalten sei.

In diesem Abschnitt will Paulus beweisen, daß, wer als Christ noch am Götzenopfer und seinen Lustbarkeiten Anteil nimmt, κοινωνός sowohl der Dämonen als Christi wird. Dies aber soll nicht sein; weshalb die Mahnung (V. 14), von dem Götzenopferdienst wegzufliehen.

Also zunächst: der Christ hat κοινωνία des Herrn. Und zwar alle Christen haben sie, auch die, welche an den Götzenmahlzeiten teilnehmen. Darauf liegt der Nachdruck, daß a l l e Christen mit dem Herrn in der Verbindung der κοινωνία stehen. Der Kelch des Segens, welchen wir segnen, ist er nicht die κοινωνία des Blutes Christi? (V. 16). Hier ist jedes Wort von Wichtigkeit. Weshalb betont Paulus, daß wir den Kelch des Segens segnen? Weshalb nennt er ihn κοινωνία τ. αἵμ. τ. Χριστοῦ? Weshalb nicht etwa, wie in cp. 11, καινὴ διαθήκη? Weil hier die gemeinsame Anteilnahme A l l e r betont werden soll, auch derjenigen, welche daneben noch der Dämonen κοινωνοί sind. Aus demselben Grund fügt auch Paulus hinzu „den wir segnen". Wir Alle nämlich segnen ihn. Der Segensspruch wird ein g e m e i n s a m e r gewesen sein. Und dieser Kelch ist die Anteilnahme am Blute Christi. Wie das? Wir wissen es jetzt: er enthält das Blut des Herrn; wer ihn also trinkt, trinkt thatsächlich gemeinsam mit den Andern einen Teil des pneumatischen Blutes. Ebenso ist es mit dem Brod (V. 17). Das Brod, das wir brechen, also gleichmäßig unter Alle verteilen, ist es nicht die Anteilnahme am L e i b Christi? Alle empfangen wir buchstäblich Anteil, einen Teil des Leibes Christi, also auch die, welche daneben noch an den Götzenmahlzeiten teilnehmen. Denn e i n Brod ists, (von dem wir alle empfangen), ein Leib sind wir (unter einander), die Vielen. Denn Alle haben wir Anteil von demselben Brode her. An was? An dem im Brode enthaltenen Leib des Herrn (V. 17.) Soweit die Beziehungen zu Christus. Derselbe wohnt in uns nach seinem pneumatischen Leib und Blut, in uns Allen ohne Ausnahme; denn alle nehmen wir gemeinsam seine volle pneumatische Leiblichkeit in uns auf. Wir gehören so eng zusammen, daß wir ein Leib genannt werden, auch die, welche am Götzenopfer teilnehmen.

Nun aber werden daneben die Letzteren auch noch κοινωνοί der Dämonen. Worin besteht diese Anteilnahme? Zwar das Götzenopfer ist nichts, oder das Götzenbild ist nichts. Es ist kein Opfer, das wirklich den Götzen dargebracht wird, sondern den Dämonen wird es geweiht. Es giebt keine Götzen, keine Götter, sondern nur sogenannte Götter, die aber in Wahrheit Dämonen sind (1. Kor. 8, 4—6). Was die Heiden opfern, das opfern sie den Dämonen und nicht einem Gott. Ich will aber nicht, daß ihr Genossen der Dämonen werdet.

Inwiefern nun wird man durch Beteiligung an den Dämonenopfern Genosse der Dämonen? Durch den Becher der Dämonen und durch ihren Tisch, wie man auf der andern Seite durch den Becher des Herrn und seinen Tisch (durch Teilnahme an demselben) Genosse des Herrn wird. Inwiefern aber bringt die Teilnahme an dem dämonischen Mahl und Trank einen Anteil an den Dämonen, der dem am Herrn entspricht? Man könnte an die Vorstellungen der Naturreligionen denken, wonach die Götter an dem ihnen dargebrachten Opfer teilnehmen. Aber das ist hier nicht gemeint. Nicht von der eigentlichen Opferhandlung, sondern vom Opferschmaus ist die Rede. Nun könnten die Dämonen ja auch als Theilnehmer dieses Schmauses gedacht werden; allein dann stimmt die Parallele mit dem Herrenmahl nicht; unmöglich kann hier Christus als am Mahle teilnehmend, als mitessend gedacht werden. Wäre es nun nicht möglich, daß dem Einwohnen Christi ein Einwohnen der Dämonen entspräche? Sehr leicht. Man denke an den Dienst des Weingottes oder der Aphrodite Pandemos, welche besonders in Korinth gefeiert wurde, an die wilde, ekstatische Raserei, Unzucht, Völlerei, die mit den Götzenmahlzeiten verbunden war. Einem Juden war es an sich schon unbegreiflich, daß vernünftige Menschen einem toten, stummen, steifen Götzenbild Opfer brachten. Die Apokryphen sind voll blutigen Hohnes über diese Verirrung menschlichen Geistes. Und nun erst die Ekstase, die Raserei, der bacchantische Wahnsinn! Wahnsinn hat im Altertum stets eine übernatürliche Ursache, entweder eine göttliche oder teuflische. Entweder wohnt Gott oder ein Dämon in dem Rasenden. Auch Paulus ist der Meinung, daß die Götzendiener getrieben, fortgerissen werden durch eine fremde Macht (1. Kor. 12, 2), nämlich durch die Dämonen, welche von ihnen Besitz ergriffen haben.

Jetzt stimmt die Parallele. Der Segenswunsch beim Becher des Herrnmahles, das Brechen des gemeinsamen Brodes, welches (wahrscheinlich auch von gemeinsamen Worten begleitet war), bürgte — als pneumatisch gewirkt, für die Anteilnahme, für den Empfang des Pneumachristus in Leib und Blut. Die Vorgänge beim Tisch und Becher, beim Opferschmaus der Dämonen bürgen für Einwohnen der Dämonen, also gleichfalls für Anteilnahme an ihnen. Aber dann käme es also vor, daß in einem und demselben Menschen der Pneumachristus und die Dämonen zusammenwohnen müssen! Welch ein Gedanke! Was giebt es für eine Zusammenstellung für den Tempel Gottes mit den Götzenbildern (2. Kor. 6, 16)? b. h. wie kann in uns, dem Tempel Gottes, wo Gott wohnt (V. 16 b. f.), auch der Dämon wohnen? Welch eine Uebereinstimmung giebt es Christi mit Belial (V. 15)? So fragt Paulus, gleichfalls im Hinblick auf die Götzenopfer. Die dämonische Besessenheit beim Opfermahl bringt (2. Kor. 7, 1) eine Befleckung nicht nur des Fleisches (durch Unzucht oder Völlerei), sondern auch des Pneumachristus (durch Einwohnen der Dämonen).

Jetzt verstehen wir auch, weshalb Paulus so sehr betont, daß wir Alle, auch die Götzendiener, doch noch gemeinsamen Anteil am Pneumachristus haben. Man könnte nämlich sonst schließen, die Götzendiener hätten keine Gemeinschaft mehr mit Christus. Entweder dämonische oder pneumatische Besessenheit (cf. 1 Kor. 12, 1—3.) Wer den Dämon hat, hat Christus nicht. Diesen Schluß will jedoch Paulus nicht aussprechen. Vielleicht weil der Götzendiener in der Gemeinde zuviel waren, so daß, wenn dieselben als nur Dämonisch Besessene wären ganz ausgestoßen worden, ein zu kleiner Rest übrig geblieben wäre? Wahrscheinlicher ist, daß Paulus eben aus der pneumatischen Ekstase beim Herrenmahl den Schluß ziehen mußte, daß der Pneumachristus gleichfalls in ihnen lebte. Daher auch die Betonung des εὐλογεῖν und des Brodbrechens. Allerdings muß dem gegenüber auch wieder anerkannt werden, daß Paulus 1. Kor. 5, 11 vollständige Trennung von den götzendienerischen Brüdern verlangt. Dies widerspricht jedoch nicht unserer Stelle; denn es ist möglich, daß Brüder, auch wenn sie als Götzendiener — wahrscheinlich bloß zeitweise, zum Zweck der Buße — ausgeschlossen werden, dennoch, wie der Blutschänder in 1. Kor. 5 als Pneumatiker anerkannt werden müssen, da sie ja noch die pneumatische Pistis haben.[1]

---

[1] Bisher haben wir 1. Kor. 10, 18 nicht in den Gang der Erklärung eingeschlossen. Die Berufung auf die Teilnahme am alttestamentlichen Opferaltar, welche durch das Essen des Opfers bewirkt wird, scheint den Gedanken einer Einwohnung Gottes, welcher Gedanke doch um des Parallelismus willen nötig wäre, nicht zuzugeben. Allein dem ist doch nicht so. Abgesehen vom alten Testament enthält auch noch das Neue die Anschauung, daß die Ekstase in einem engen Zusammenhang mit der alttestamentlichen Opferhandlung steht (Lc 1, 9 f). Daß freilich Paulus gerade hieran gedacht hat, läßt sich mehr vermuten als beweisen. Immerhin genügt auch schon eine unbestimmtere Altersgenossenschaft zu dem

Worin besteht also die Heilsbedeutung des Herrenmahls? Durch den Genuß des pneumatischen Leibes und Blutes Christi wird Ekstase gewirkt. Damit ist freilich nicht gesagt, daß Ekstase nicht auch bei anderen Gelegenheiten vorkam. Das Herrmahl ist vielmehr nur ein Fall von Ekstase neben anderen, genau wie die Taufe. Darum stellt Paulus mit Recht Taufe und Abendmahl neben einander (1. Kor. 10, 1 f.; 12, 13) als zwei Handlungen, welche am häufigsten Gelegenheit zur Ekstase boten. Und jetzt läßt sich vollends wahrscheinlich machen, daß auch 1. Kor. 12, 13 unter dem πάντες ἐν πνεῦμα ἐποτίσθημεν die Abendmahlsfeier verstanden ist: Alle wurden wir mit einem pneumatischen Blut getränkt, d. h. mit einem und demselben Pneuma, woraus hervorgeht, daß wir trotz der Verschiedenheit der Ekstase doch ein Leib sind.

Wir können das modern etwa so wenden: Taufe und Abendmahl haben unter allen gottesdienstlichen Feiern die höchste liturgische Bedeutung. Bei ihnen drückt sich die Ekstase am gewaltigsten aus; das heißt, der Besitz des innewohnenden Christus muß sich äußern, mit spontaner Kraft. Nur wollen wir auch noch das Andere kurz bemerken: Paulus folgert aus den Aeußerungen unmittelbar die Thatsache des Besitzes. Er setzt dieselbe also ohne weiteres als vorhanden voraus. Unsere Liturgik wird, wenn sie wahrhaftig sein soll, gleichfalls nur solche Formen der Ekstase gelten lassen, welche dem innewohnenden ethisch-religiösen Besitzstand entsprechen. Eine reiche Ausgestaltung ekstatischer (wir sagen liturgischer) Formen ohne wirklich entsprechenden Pneumabesitz enthält eine Unwahrhaftigkeit. Es geht nicht, durch die liturgische Anordnung eine religiöse Begeisterung zum Ausdruck kommen zu lassen, die nicht vorhanden ist. Unsere von Schleiermacher beeinflußte Liturgik setzt stillschweigend eine leider nie vorhandene Idealgemeinde voraus, entspricht also nicht den thatsächlichen Verhältnissen. Die darstellende Handlung muß spontan aus dem Pneumabesitz hervorgehen, setzt also denselben stets in dem Maße voraus als die liturgischen Formen und Ausdrücke ihn anzeigen.

Anhangsweise möge hier noch eine kurze Erörterung folgen über den angeblichen, von den Exegeten in ihrer Verlegenheit so hochgeschätzten „mystischen Leib Christi", den die Kirche bilden soll.

Wenn dieser „mystische" Leib schon in 1. Kor. 10, 16 eingeführt wird, so geschieht das in heller Verzweiflung. Wie will man denn alsdann das αἷμα Christi erklären?

Dagegen hat allerdings (1. Kor. 12, Röm. 12) Paulus die Gesamtwirkungen des Pneuma verglichen mit einem Leib. Das tertium comparationis liegt in

---

V. 18, welcher für die gesammte Erörterung keine Beweiskraft haben, sondern nur die Bedeutung eines Exempels darstellen soll, das gelegentlich eingestreut, aber gar nicht ausgenützt wird.

dem Gedanken der organischen Einheit trotz numerischer und qualitativer Verschiedenheit. Dieser Vergleich ist bekannt seit der Parabel des Menenius Agrippa. Aber mehr will auch Paulus nach dem klaren Sinn der Stelle nicht geben als eine Vergleichung. Auch 1. Kor. 10, 17 b wird unsre Zusammengehörigkeit, die aus dem gemeinsamen Anteil am Pneumachristus resultiert, nur ein Leib genannt, mit der Einheit des Leibes verglichen. Ebenso 1. Kor. 12, 13. Es ist gar nicht möglich, daß Paulus über den Vergleich hinausgeht. Er kann nicht sagen, die Kirche bilde den Leib Christi. Ich kann das Getriebe eines Staates z. B. vergleichen mit einem Bienenstock. Ich kann aber nicht sagen, dieser Staat ist dieser Bienenstock. Ich kann das nur dann, wenn ich von „diesem Bienenstock" absolut keine Vorstellung besitze. Nun aber hat Paulus über den Leib Christi, den pneumatischen, eine sehr genaue, feste Anschauung. Es ist ein Leib, ein wirklicher, wahrhaftiger Leib, aber aus himmlischem Lichtstoff bestehend. Wie kann die Kirche diesen himmlischen Lichtleib bilden? Was eine spätere Zeit aus dem paulinischen Vergleich gemacht hat, geht uns hier nichts an.

Aber wie steht es denn mit 1. Kor. 12, 27? Hier wird doch gesagt: Ihr seid σῶμα Χριστοῦ. Allein wer giebt uns das Recht, gerade hier den unbestimmten Artikel mit dem bestimmten zu übersetzen? Paulus versichert: ihr seid „ein" Leib Christi, mehr nicht. Freilich bleibt immerhin der Genetiv zu erklären. Dabei denke ich an den Genetiv, welchen wir bereits kennen gelernt haben bei δικαιοσύνη θεοῦ. Dort übersetzten wir: Die Rechtbeschaffenheit, welche Gott giebt, d. h. wirkt. So auch hier: Ihr seid ein Leib, sein Organismus, den Christus wirkt. Wenn wir noch eine ganz unzweideutige Bestätigung haben wollen, so denken wir nur an Röm. 12, 5: οὕτως οἱ πολλοὶ ἓν σῶμά ἐσμεν ἐν Χριστῷ; wir sind ein Leib, ein Organismus, weil Christus ἐν Χριστῷ die Einheit wirkt. Wie der Pneumachristus an sich, so bilden auch seine Wirkungen eine organische Einheit.